Los mejores trucos de

magia

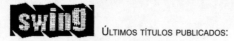 ÚLTIMOS TÍTULOS PUBLICADOS:

Philip Simmons

Los mejores trucos de

magia

© 2011, Philip Simmons
© 2011, Ediciones Robinbook, s. l., Barcelona

Diseño de cubierta: Regina Richling
Fotografía de cubierta: iStockphoto
Ilustraciones interiores: Lluïsa Guedea
Diseño interior: Lídia Estany para iScriptat

ISBN: 978-84-96746-62-6
Depósito legal: B-32.037-2011

Impreso por: BLACKPRINTCPI   **black**print
Torre Bovera 6-7   A CPI COMPANY
08740 Sant Andreu de la Barca

Impreso en España - *Printed in Spain*

Índice

Primera parte
Trucos sencillos de cartas

Segunda parte
Cuentos con trucos de cartas

Tercera parte
Trucos de cartas avanzados

Cuarta parte
Trucos con mondas

Quinta parte
Trucos de hipnotismo

Sexta parte
Trucos de mesa

Séptima parte
Trucos con cuerda

Octava parte
Misterios de la mente

ÍNDICE

nota del editor

Parar la marcha de vuestro reloj, hacer desaparecer una car-
tera, hacer estallar un jarrón a distancia, o incluso hacer desaparecer el monumento más grande de la ciudad, ¡todo está
al alcance del mago o ilusionista!

Aunque algunos de esos espectaculares trucos necesitan
una gran preparación e incluso importantes recursos finan-
cieros, otros por el contrario, pueden ejecutarse con una simplicidad sorprendente y no obstante fascinar a vuestro audi-
torio. Estos son los trucos nos encanta transmitir y que deseo
desvelaros. Trucos para los que casi no se necesita material
alguno, y que apenas requieren manipulación, y son tan fáciles de comprender como una receta culinaria, un poco de lec-
tura, una pizca de ensayo, una buena dosis de humor, una
brizna de misterio... y ¡voilà, ya hemos realizado el truco!
Trucos inmediatos, de los que tan pronto como los leáis los
haréis disfrutar a vuestra familia o amigos quienes quedarán tan atónitos que no darán crédito a sus ojos. No importa la edad que tengas, ni que seas novato o iniciado, ¡entra
ahora mismo en el mundo de los sueños, donde todo es
magia e ilusión!

Aprenderás magia aplicando las mismas estrategias que los grandes magos. De Harry Houdini a David Copperfield, la esencia de la magia no ha cambiado mucho. El sentido de la teatralidad y la puesta en escena varían de uno a otro mago, pero los principios básicos continúan siendo los mismos. Después de todo, ¿conoces a alguien que haya negado con éxito los principios generales de la gravedad y la física?

Este libro muestra los secretos sobre cómo realizar un centenar de trucos de la misma manera que algunos de los grandes magos lo harían.

La magia es una forma particular de arte. El público contempla a un ilusionista bajo la premisa de que, en realidad, la magia no es consecuencia de un conjunto de poderes físicos o mentales especiales por los que se pueda hacer aparecer o desaparecer diversas cosas. Sin embargo, cuando la magia se lleva a cabo con perfección, efecto tras efecto, el público se queda estupefacto.

De hecho, si pudieras elegir entre ver la actuación de un gran mago y un extraterrestre dotado realmente de poderes extraordinarios, ¿quién te haría creer que lo que estás presenciando es espectacularmente imposible? ¿No resulta más asombroso tener delante aquello que no puede ser cierto y, sin embargo, percibirlo como si asombrosamente estuviera ocurriendo delante de tus propios ojos? Por otra parte, habría que ver las virtudes del alienígena sobre el escenario...

Los lectores empezarán deslumbrando a los demás con maravillosos ejemplos del arte de la magia. Antes de lo que creas, serás capaz de dejar atónitos a amigos, familiares y público en general, llevando a cabo lo que todos ellos creen que es materialmente imposible.

La mayor parte de los principiantes se atascan y desmoralizan con los trucos sofisticados. Esta es la razón porque este libro es DIFERENTE.

Te deseo lo mejor en tus intentos de convertirte en el próximo David Copperfield. Tenemos la seguridad de que los amigos y los familiares se sorprenderán cuando actúes como un profesional. No obstante, queremos advertir que todos los trucos deberían ser practicados y ejecutados minuciosamente bajo la supervisión de adultos. Por favor, no seas tímido a la hora de buscar los consejos y la guía de un mago profesional o de un establecimiento especializado en artículos de magia. No uses nunca objetos alternativos a los materiales que aquí se sugieren y sé siempre cauto en el manejo de productos químicos, cerillas, objetos afilados y materiales similares.

¡Buena suerte!

Introducción

La mejor manera de aprender magia es practicándola. Esto sorprenderá a aquellos que creen que los magos exhiben su prodigiosa técnica después de muchas horas de estudio y entrenamiento continuado. Pero lo cierto es que el principal objetivo de la magia es desconcertar y fascinar a los espectadores antes que mostrar simplemente la técnica y la pericia. A menudo, los movimientos rápidos despertarán sospechas, mientras que un truco hecho con naturalidad y con un resultado imprevisto dejará boquiabiertos a los espectadores.

De hecho, algunos de los trucos más sencillos se cuentan entre los mejores, y esto lo podrá confirmar el principiante desde sus inicios. Los trucos sencillos le permitirán concentrarse en la presentación en lugar de preocuparse por una acción de complicado desarrollo o por las pequeñas muestras de decepción que los sagaces observadores empezarán a manifestar a menos que el truco sea ejecutado a la perfección. Cuanto más cerca observa el público algo complicado, más fácilmente puede ser burlado con la sencillez.

Todo esto es útil para el principiante, y es la razón fundamental que debe llevarle a presentar ante los amigos algunos de los trucos más sencillos inmediatamente después de aprenderlos. Naturalmente, el entrenamiento y la destreza son útiles, pero la reacción del público es igualmente importante, de manera que la vieja regla de «se aprende magia haciéndola» todavía tiene validez. Otra razón para empezar con los trucos más sencillos es que el principiante los podrá ensayar frente a sus amigos, de modo que si éstos le «descubren» no será expulsado del sindicato de magos, ¿no? Debes ser consciente, por otra parte, que es imposible que muestres el mismo truco sencillo a las mismas personas una y otra vez sin que corras el peligro de que alguien lo descubra. Además, las críticas amables te ayudarán a mejorar tu técnica antes de mostrarla en otra parte.

Seguro que tendrás algunos amigos que no pararán hasta que les confieses algunos trucos o que te será difícil decirles que no. Por eso será una sabia medida el considerar algunos de tus trucos más sencillos como «prescindibles». De esta manera, si satisfaces sus primeras peticiones podrás rehusar amablemente a ofrecer mayores explicaciones de trucos más sofisticados. Ésta es una medida inocente que no va en menoscabo de la magia moderna por dos razones:

Primero, existen ciertos trucos que son clasificables bajo la etiqueta de «tipo rompecabezas». Es decir, se trata de la clase de trucos que el público muy entusiasta puede descubrir si se le concede el suficiente tiempo. Si estos trucos los muestras como «aperitivo», ganarás la atención del público al que tú estás tratando de impresionar. En las páginas siguientes se describen bastantes de estos trucos «rompecabezas» que te serán de mucha utilidad cuando te inicies en los secretos del mago profesional. Si el público te los descubre, tanto mejor. Podrás felicitarles por su agudeza y, a continuación, seguir con algo más sofisticado que les deje atónitos.

Segundo, la expansión de la magia ha sido tan grande durante los últimos tiempos, que cada año aparecen cientos de trucos nuevos, al lado de algunos pocos que quedan desfasados. Tiempo atrás, los magos guardaban los secretos de algunos de sus trucos más sencillos como si la totalidad de su arte dependiera de ellos. Pero ese tiempo ha pasado. Los magos modernos mantienen la vitalidad de su arte con la creación de nuevos trucos y adaptaciones de otros viejos tan a menudo y tan rápidamente que el público no puede mantenerse al corriente de todos ellos.

cómo crear tu propio espectáculo de magia

La regla de oro para preparar o crear un espectáculo de magia se estableció hace ya mucho tiempo: el principiante deberá ganar su experiencia en el mundo de la magia actuando frente a un público. Pero, ¡atención!, no debes hacer un truco detrás de otro de manera caprichosa. Debes idear un programa o una sucesión donde un truco siga a otro según un orden lógico. Un truco bien ejecutado pide que otro le siga. En consecuencia, tu primer truco se convierte en el principal factor al que se le debería conceder la debida consideración en cualquier espectáculo planificado sensatamente.

El propósito del truco de apertura es suscitar el interés inmediato. Así pues debería ser un truco que se pueda realizar sin contratiempos, con rapidez y sin NINGUNA posibilidad de que salga mal. Existen muchos trucos que satisfacen estas exigencias. Por ello, elige uno de tus favoritos y que encuentres muy fácil de realizar. Cualquier vacilación o fallo en el truco inicial puede demorar el ritmo de toda tu actuación. No te preocupes si tu primer truco parece demasiado fácil; la simplicidad no tiene por qué aminorar el ritmo. Inmediatamente seguirás con un truco un poco más desconcertante. De hecho, el espectáculo deberá ir creciendo en interés según vayas avanzando.

Sin embargo, no pases por alto el valor del elemento sorpresa cuando selecciones tu número inicial. Un truco rápido con un final insólito —incluso con un toque cómico— siempre hará que tu público quiera más. Esto es especialmente importante en los primeros momentos de tu actuación. A partir de tu primer truco, hay dos reglas sagradas que debes recordar: 1.ª, haz que tu actuación dure lo suficiente para satisfacer a tu público, aunque, 2.ª, déjalos siempre queriendo más.

Esto significa que la mayor parte de tu actuación debe constar de trucos de diversa naturaleza. Lo que has de conseguir es que tu público no deje de preguntarse qué es lo que vendrá a continuación. Es correcto que a un truco le siga otro de índole parecida, siempre que el segundo vaya un poco más lejos en alguna característica particular. A menudo, los que están frente a ti desearán verte repetir ciertos trucos; si tienes alguno que añada un giro imprevisto, no solamente satisfarás sus deseos sino que aumentarás su asombro.

Hacia la mitad de tu actuación, introduce algunos trucos que sean ligeramente más complejos. Pero ¡no te excedas! Un importante consejo que casi nunca se da a los principiantes es que resulta esencial tener uno o dos trucos de reserva de los que puedas echar mano en cualquier momento si la actuación parece resentirse. Con frecuencia, los principiantes se dejan arrastrar por un orden rígido que funciona si todo sale según lo previsto. Pero si el público empieza a aburrirse o a mostrar indiferencia, te puedes ver en un serio apuro si no tienes reflejos. Éste es el momento en el que puedes permitirte eliminar un truco largo o demasiado complejo y acortar tu actuación con algunos trucos cortos y ágiles que tengas en la reserva. Asegúrate siempre de disponer de ella.

Esto, naturalmente, marca el final de la actuación, de manera que remátalo con uno de tus trucos favoritos que seas capaz de ejecutar con mayor brillantez. Pero recuerda: este truco debería también ser el que tu público pida. El propósito último de toda actuación es hacer que tu público lo pase bien. Es posible que pasen algunas actuaciones antes de que sepas qué truco debería reservarse para el momento cumbre; puede que quieras desplazar algo de la mitad y situarlo al final. ¿Cómo decidir cuál es este truco es muy simple? Déjate llevar por las reacciones del público. Aquel truco que parezca gustarle más será el que constituya el mejor clímax.

Recuerda también que los gustos del público varían, de modo que un buen clímax para un público concreto podría no serlo para otro. Esto te exigirá elegir entre distintos programas que la mayoría de los principiantes pueden clasificar en una de las siguientes distintas categorías:

MAGIA DE CARTAS: Particularmente apropiada para jugadores de cartas o que, al menos, estén familiarizados con los juegos de cartas. A menudo, a los hombres les gusta participar en trucos que impliquen apuestas, tenlo presente. En muchos casos te darás cuenta que estos efectos serán el broche final perfecto para tu actuación.

MAGIA GENERAL: Mejor que hacer solamente trucos de monedas, trucos de cuerda, etc., siempre es mejor mezclarlos. Practica primero con algunas monedas, saca después un trozo de cuerda y ejecuta varios números con ella. Podrás rematar con un pañuelo prestado entre el público. O pasa de uno a otro, dejando la cuerda de lado para sacarla más tarde. Este tipo de espectáculo puede resultar muy ingenioso si eres suficientemente hábil para echar una moneda en tu bolsillo sin que nadie lo advierta cuando metas la mano en él para buscar alguna cosa o cambiar una cosa por otra. Respeta siempre en este tipo de espectáculo la regla de una entrada rápida y un intenso clímax.

MAGIA DE MESA: En cierto sentido, éste es el tipo más asequible de espectáculo si tus posibilidades son aún limitadas y debes, consecuentemente, seguir unas pautas de actuación definidas. Aquí, también es importante recordar que puedes intercambiar objetos en tus bolsillos. También es la ocasión perfecta para aprovecharte de cualquier pausa en tu actuación para preparar el terreno de un próximo truco sin que el público lo advierta.

MAGIA MENTAL: Éste es un género en sí mismo. Incluso los principiantes saben que ejecutando tan sólo trucos mentales, el impacto sobre el público puede ser extraordinario. Cuando el público se cree que estás haciendo predicciones o mostrando briznas de percepción extrasensorial, se corre el peligro de que caiga en la decepción y la desilusión si empiezas a hacer malabarismos o juegos de manos. De modo que sigue en el tono que tu público te demande. Y permanece fiel a la regla de un inicio impactante, trucos eficaces y en ordenada progresión y un final imprevisible. De esta manera, no puedes equivocarte. Casualmente, hay algunos trucos en otras secciones —en especial, entre Trucos de cartas— que se pueden adaptar fácilmente a una actuación de Magia mental si es necesario.

De forma parecida, siempre es bueno hacer que se cuele un buen truco mental en una actuación de otros tipos: Magia de cartas, magia general y magia de mesa. Puede que haya ocasiones en la que juzgues conveniente mezclar el conjunto entero, yendo de uno a otro según decidas. Es una buena manera de sondear las reacciones del público para perfilar tus programas una vez hayas superado la fase del principiante.

PRIMERA PARTE
TRUCOS SENCILLOS
DE CARTAS

Todo lo que necesitarás para realizar los siguientes trucos es un juego de cartas, un vaso y un pañuelo para un truco concreto. Con esto ya estarás preparado para sorprender a tu público de una docena de formas diferentes. Aunque todos los trucos son sencillos, representan una considerable variedad de operaciones que permitirán al principiante ir de uno a otro en una sucesión ordenada. Esto significa que antes de que los espectadores puedan empezar a preguntarse cómo se hace un truco, ya se sentirán atrapados por el siguiente, de manera que sea improbable que hagan retroceder su atención hacia los anteriores, lo que beneficiará y asegurará el éxito del principiante.

Un descubrimiento mágico

CÓMO PRESENTAR EL TRUCO

El mago dejará una baraja de cartas sobre la mesa y solicitará un voluntario para que la divida en dos montones. A continuación le dará la espalda y pedirá al voluntario que piense en un número que no sea superior a trece y que descuente ese mismo número de cartas del montón inferior de la baraja y las coloque en la mitad superior. Luego le dirá que —si lo desea— podrá colocar el montón inferior sobre el superior.

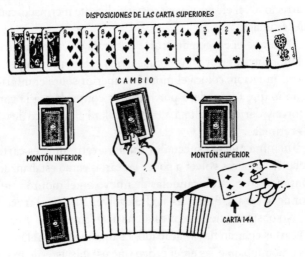

DISPOSICIONES DE LAS CARTA SUPERIORES

CAMBIO

MONTÓN INFERIOR   MONTÓN SUPERIOR

CARTA 14A

El mago se da la vuelta y rápidamente cuenta las cartas desde arriba del montón, sin mirar ni una sola carta. De repente, descubre una carta boca arriba. ¡El número de la carta indica el número de cartas que retiró el espectador!

Por ejemplo, el espectador toma la baraja y la corta. Retira seis cartas de la mitad inferior, las pone en la mitad superior y vuelve a colocar la parte superior de la baraja sobre la inferior. El mago toma la baraja, saca cartas y descubre un seis.

Las sotas ocupan el lugar del once, las damas el doce y los reyes, el trece.

El secreto

Este es un truco que, pese a su simplicidad, siempre da buenos resultados. Dispón trece cartas en la parte superior de la baraja de la siguiente forma: rey, dama, sota... hasta llegar al as. El palo es indistinto, de forma que puedes hacer este arreglo con cualquier baraja. Prepara las cartas de antemano para impresionar más y nunca dejes que los espectadores te vean hacer el arreglo o... el efecto se verá sustancialmente mermado, como puedes imaginar.

Deja que el espectador corte la baraja y retire las cartas del montón inferior y las ponga arriba del montón superior. A continuación, coloca el montón superior sobre el inferior. Todo lo que te quedará por hacer es contar hasta la carta catorce y darle la vuelta. La carta revelará el número de cartas retiradas.

Imagina que el espectador hubiera retirado tres cartas. Deberás entonces volver a poner las cartas como estaban, descontando tres, y colocándolas de nuevo en el montón inferior de la baraja. Entonces, podrás volver a hacer el truco.

No obstante, no lo repitas demasiado a menudo y baraja las cartas cuando hayas acabado. Es una medida sabia tener el comodín bajo el as en el orden que estableciste, de manera que si no se retira ninguna carta, darás la vuelta al comodín y les devolverás la broma diciéndoles que no han retirado ninguna y que al mago no se le puede engañar.

Monte de tres cartas

Todo el mundo ha oído hablar del truco del monte de tres cartas donde quien maneja las cartas muestra una dama y otras dos cartas, las coloca boca abajo y pide que escojas la dama. Resulta imposible saber dónde está.

CÓMO PRESENTAR EL TRUCO

He aquí un tipo de truco que hará volverse loco a todo el mundo y es muy fácil de realizar.

Debes tomar tres cartas de cualquier baraja y disponerlas de tal forma que la dama quede en el centro. A continuación pones rápidamente las cartas boca abajo y nadie podrá escoger la dama. Puedes conceder dos oportunidades y, luego tres, pero nunca hallarán la dama. No está allí. ¡Está en tu bolsillo!

CUBRE
EL 3

ADVIERTE CÓMO
SE CORTA EL
PEDACITO DE ESQUINA

MONTE DE TRES CARTAS

El secreto

Esta es la forma de hacer el truco. Coge una carta vieja —una dama de corazones— y corta una esquina. Lleva contigo el trocito de esta esquina. Cuando estés preparado para hacer el truco, coge cualquier baraja y date la vuelta para arreglar las cartas. En primer lugar, encuentra la auténtica dama de corazones y guárdatela en el bolsillo. Luego desliza tu esquina en el abanico de cartas, cubriendo la carta central.

Ahora ya puedes mostrar el abanico por delante y por detrás sujetándolo con la mano derecha. Hay tres cartas de frente y tres cartas del revés, pero la esquina de la dama de corazones esconde la carta central auténtica del abanico. Pon el abanico boca abajo y cógelo por su parte más ancha con el pulgar y los dedos de la mano izquierda como si fueras a arreglar las cartas. Retira entonces la mano derecha con un movimiento rápido, arrojando las tres cartas boca abajo sobre la mesa. Los dedos izquierdos y el pulgar sujetan el pedacito de esquina, el cual se puede ocultar fácilmente con los dedos, al ser tan pequeño.

Por supuesto, ninguna de las tres cartas es la dama. Tú rescatas la dama del bolsillo, dejando allí el pedacito de esquina. Hay muchas versiones diferentes de este truco. Existen todo tipo de naipes trucados que están disponibles en muchas tiendas de magia y que te ayudarán a hacer este truco. Tienes que preguntar por los trucos del monte de tres cartas.

Halla la carta

CÓMO PRESENTAR EL TRUCO

Podrás obtener sorprendentes resultados con este truco. Toma una baraja de cartas y mueve las cartas, sosteniendo la baraja boca abajo y cambiando las cartas de la mano izquierda a la derecha. Alguien toma una carta. Abres la baraja ligeramente y le pides que la vuelva a introducir en el paquete.

La baraja se corta varias veces y tú inmediatamente descubres la carta elegida.

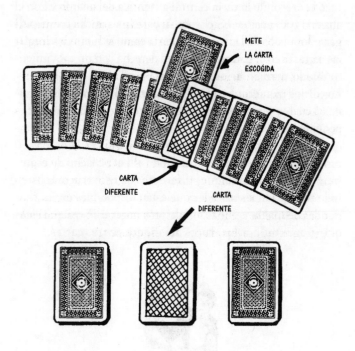

METE
LA CARTA
ESCOGIDA

CARTA
DIFERENTE

CARTA
DIFERENTE

El secreto

El secreto consiste en el uso de una vieja carta de otra baraja. Se trata de que tú deslices esa carta en la baraja que estás usando (esta baraja te la podría haber dejado incluso un miembro del público) y cuando extiendas las cartas, busques la que tenga distinta la parte de atrás. Cuando la encuentres, tápala rápidamente con las cartas de al lado, pero deja un pequeño espacio por debajo. Cuando alguien retire una carta, levantas la baraja por la abertura, de manera que la carta escogida se introduzca en ese lugar.

El corte de la baraja es indistinto. La carta elegida será aquella que esté justo por debajo de la carta diferente. Al jugar con la baraja y buscar la carta marcada, puedes localizar la carta escogida.

Naturalmente, deberás ser prudente al elegir tu carta diferente. Si estás usando una baraja con el revés azul y un borde blanco, tu carta marcada debería tener los mismos colores, diferenciándose sólo en el diseño. Algunos ilusionistas que realizan este truco llevan varias cartas diferentes (comodines, por ejemplo) de varias barajas para poder disponer siempre de una carta apropiada en el caso de usar una baraja prestada. Una carta extra del mismo tipo de baraja pero que sea visiblemente más vieja o más nueva que las que estás usando no será advertida por los espectadores.

La hilera misteriosa de cartas

CÓMO PRESENTAR EL TRUCO

Esta es otra muestra de hallazgo inexplicable. Despliega once cartas en una hilera, boca abajo, e invita a un voluntario a mover cualquier número de cartas desde el extremo izquierdo de la hilera hacia la derecha, haciéndolo una por una. Esto deberá hacerse mientras tú le das la espalda para que el participante pueda poner tranquilamente las cartas en su sitio y que la hilera parezca intacta.

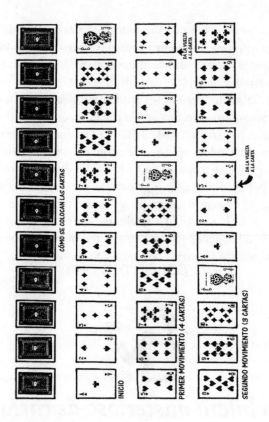

El secreto

El sistema es simple. Los naipes van del as al diez con un comodín o una carta en blanco en el extremo derecho. Después de mover las cartas, da la vuelta a la carta de la derecha de la hilera y descubrirás el número de espacios que se ha movido; el comodín o la carta en blanco representan el cero. Un aspecto atractivo de este truco es que puedes repetirlo inmediatamente poniendo simplemente la carta boca abajo y dándote la vuelta. No hace falta reorganizar las cartas.

Para hacer esto, recuerda la carta que colocaste boca arriba. Supón que se trataba de un cuatro. Ya que diste la vuelta a la primera carta de la derecha, deberás añadir cuatro a uno y la próxima vez tendrás que dar la vuelta a la quinta carta desde la derecha. Esto descubrirá el número movido en el segundo cambio.

La carta mágica

Cómo presentar el truco

En este truco se reparten seis montones. Se toma una carta de uno de ellos, se vuelven a juntar los montones y se corta. El ilusionista, haciendo pasar las cartas, descubrirá la carta elegida.

El secreto

No es necesaria ninguna memorización difícil. Escoge una baraja y pon seis cartas de un mismo palo en la parte inferior y otras seis del mismo palo en la parte superior. Puedes acabar de hacer esto con una sencilla estratagema: si todavía te quedan unas pocas cartas que colocar en «su sitio», puedes hacerlo alegando que vas a extraer las cuatro sotas, pues en este truco sólo hay que fiarse de la realeza. De esta manera, puedes acabar de organizar la baraja. Con la eliminación de las sotas, también te deshaces de la carta impar de tu palo, de manera que quedan seis diamantes (por ejemplo) en la parte superior y seis diamantes en la parte inferior.

Deja boca abajo la baraja sobre la mesa y solicita a un voluntario que haga seis montones. Como sólo hay 48 cartas (los comodines también han sido eliminados) los montones serán iguales. Ahora la carta superior y la inferior de cada pila son diamantes. Pero sólo tú conoces este detalle.

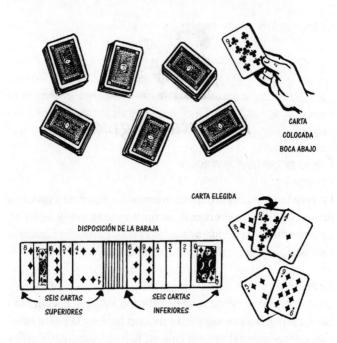

CARTA
COLOCADA
BOCA ABAJO

CARTA ELEGIDA

DISPOSICIÓN DE LA BARAJA

SEIS CARTAS
SUPERIORES

SEIS CARTAS
INFERIORES

Una persona coge uno de los montones y retira una carta del medio, que memoriza. La coloca encima de otra pila y junta todos los montones. No necesitas vigilarle mientras lo hace. La baraja se puede cortar. El resultado es que la carta seleccionada estará entre dos diamantes. Cuando examines las cartas boca arriba, en seguida podrás decir qué carta cogió.

Cambia el número

Cómo presentar el truco

Con este truco podrás dejar sorprendidos a más de uno. Una persona coge la baraja, memoriza una carta y también su posición con respecto a la carta superior del mazo. Otra persona dice un número. Finalmente, el ilusionista baraja las cartas y coloca la carta de la primera persona en la posición que la segunda ha señalado.

El secreto

El truco es sencillo, pero debes hacerlo con mucha decisión. La primera persona memoriza una carta y su número de orden empezando desde arriba. Eso sí, tú has indicado que el número deberá ser inferior a doce contando desde la carta del extremo superior. Imagínate que escoge el nueve de corazones, que está en la quinta posición desde arriba.

A la segunda persona se le pide que indique un número en voz alta por encima de 12. Imagínate que dice «dieciséis». Colocas las cartas detrás de tu espalda y descuentas dieciséis cartas una por una, tomadas de abajo de la baraja. Después las colocas en la parte superior.

Por fin llega la maniobra ingeniosa. Puedes decir que has puesto la carta seleccionada y memorizada en el número de orden señalado por el segundo espectador, que, en este caso, era el dieciséis. Preguntas al primer participante en qué posición estaba la carta que escogió. Él contesta que se encontraba en el quinto lugar desde arriba. De manera que cuentas empezando desde cinco, repartiendo una carta por cada número: «cinco, seis, siete, ocho...» y así hasta dieciséis.

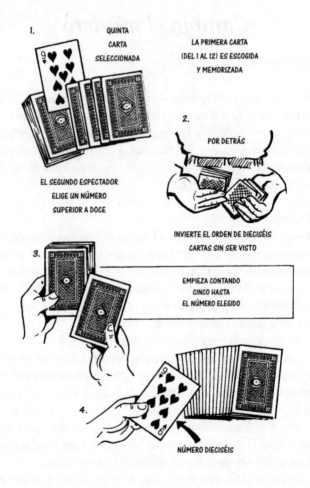

1. QUINTA CARTA SELECCIONADA

LA PRIMERA CARTA (DEL 1 AL 12) ES ESCOGIDA Y MEMORIZADA

EL SEGUNDO ESPECTADOR ELIGE UN NÚMERO SUPERIOR A DOCE

2. POR DETRÁS

INVIERTE EL ORDEN DE DIECISÉIS CARTAS SIN SER VISTO

3.

EMPIEZA CONTANDO CINCO HASTA EL NÚMERO ELEGIDO

4. NÚMERO DIECISÉIS

Das la vuelta a la carta dieciséis y seguro que es la carta seleccionada, el nueve de corazones.

Este truco siempre funciona, pero asegúrate de practicarlo algunas veces para que puedas hacerlo sin titubeos.

Aquí está tu carta

Cómo presentar el truco

Pide a una persona que baraje las cartas y que separe algunas de ellas colocándolas boca arriba y una encima de otra de manera que se superpongan. El voluntario deberá recordar la última de las cartas separadas y cuántas ha separado. Imagínate que separa ocho cartas y la última es el seis de tréboles. Él tendrá que recordar el seis de tréboles y el número ocho. Pero esto se hace mientras tú te has dado la vuelta de forma que no puedes saber la carta ni cuántas ha separado. Las cartas se vuelven a colocar en la parte superior de la baraja.

Colocas la baraja a tu espalda y la gente te oye contar como si trataras de hallar la carta. Entonces les dices que estás barajando las cartas.

Devuelve la baraja al espectador y pídele que separe el mismo número de cartas que antes (ocho en este caso, aunque tú no sabes el número), indicándote si aparece su carta. El espectador no la verá, así es que le dices que vuelva a juntar las cartas que separó y las ponga por debajo de la baraja.

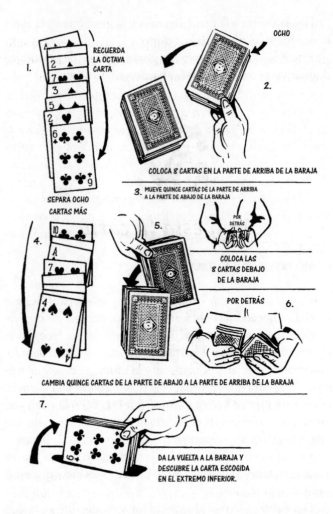

Pones de nuevo la baraja a tus espaldas y mueves algunas cartas. A continuación, dejas la baraja sobre la mesa y, de repente, pones las cartas boca arriba. ¡Su carta es la primera de abajo de la baraja!

El secreto

Sigue fielmente las instrucciones y el truco parecerá salir solo. No importa cuántas cartas separe el espectador o qué carta elija. El voluntario simplemente debe seguir tus indicaciones y recordar la última carta de su primera extracción.

Con la baraja de cartas a tus espaldas, cuentas quince cartas de la parte de arriba de la baraja y las pones en la parte de abajo. La segunda vez que pongas las cartas detrás de ti, cuentas quince cartas de la parte de abajo de la baraja y las colocas en la parte de arriba. El primer movimiento le impide ver su carta entre las que separa la segunda vez; el segundo movimiento determina la posición de su carta en la parte de abajo de la baraja. ¡Pruébalo! ¡Hasta tú mismo quedarás sorprendido!

El truco del tramposo

CÓMO PRESENTAR EL TRUCO

En realidad, se trata de una broma a tus espectadores, en forma de truco. Para hacerlo, antes debes ser capaz de descubrir una carta elegida. Por esto, es un buen broche para el truco de «La carta mágica» ya explicado o también para «Halla la carta» o «Aquí está tu carta».

El efecto cómico de este truco puede dar vivacidad a tu sesión de magia. El ilusionista sostiene la baraja boca abajo y reparte cartas una por una boca arriba. Finalmente, para y dice: «la próxima carta a la que dé la vuelta será la tuya».

La broma parece que recae sobre el mismo mago porque, de hecho, ya ha pasado la carta escogida; es una de las que están boca arriba. Muchos ya están deseosos de que caigas en el error y apostarían cualquier cosa a que te vas a equivocar. Pero ¡no será así!

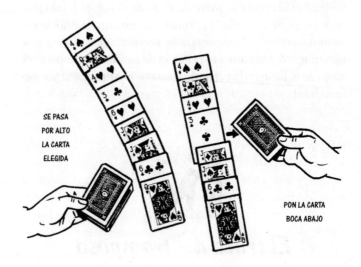

SE PASA
POR ALTO
LA CARTA
ELEGIDA

PON LA CARTA
BOCA ABAJO

El secreto
En lugar de girar la siguiente carta de la baraja, alargas la mano y coges la carta elegida y ¡la giras hacia abajo! Por supuesto que el método es simple. El ilusionista ha advertido la carta elegida y la pasa por alto a propósito para que después la broma recaiga en sus amigos.

Reyes – Damas – Sotas

CÓMO PRESENTAR EL TRUCO

Separa los reyes, las damas y las sotas de una baraja y dispónlos en tres hileras de cuatro cartas cada una, todas boca arriba. A continuación, junta las cartas rápidamente y déjalas boca abajo para que todos puedan cortar la baraja. Cuando repartas las cartas en cuatro montones, todos los corazones estarán juntos y lo mismo ocurrirá con las picas, los tréboles y los diamantes.

Tu segunda hilera empieza con la última carta de la hilera superior y luego sigue el orden de la hilera superior. Esto es (en este ejemplo): corazón, pica, diamante y trébol. La hilera inferior empieza con la última carta de la segunda hilera y luego sigue el orden de la segunda hilera (en este caso: trébol, corazón, pica y diamante).

El secreto

Aunque resulte de perogrullo, el truco es muy simple cuando sabes cómo hacerlo. Al colocar las cartas, tienes que asegurarte de que los cuatro palos queden colocados en la primera fila de la parte superior. Es decir, por ejemplo, que las cartas vayan en este orden: pica, diamante, trébol y corazón.

Cuando reúnas las cartas, cógelas en filas verticales en lugar de horizontales, empezando por la última carta de la derecha. Coges la carta de la esquina inferior derecha y la colocas sobre la que tenga por encima. Coloca las tres sobre la carta inferior de la siguiente fila vertical y así cada vez.

Se puede cortar la baraja después de poner las cartas boca abajo. Esto no supondrá ningún problema, pues cuando repartes cuatro montones separas automáticamente los palos.

Con un poco de práctica puedes colocar estas cartas muy rápida y fácilmente. No debes preocuparte de los valores, tan sólo presta atención a los palos. El truco entonces funcionará automáticamente.

Totales misteriosos

CÓMO PRESENTAR EL TRUCO

Una persona toma una paquete de cartas y reparte tres destapadas sobre la mesa. La misma persona señala el valor de la primera carta (supongamos que es un seis) y luego reparte cartas boca abajo hasta llegar al número quince. Es decir que se habrán requerido nueve cartas además de la del seis. Esta persona hace lo mismo con cada una de las cartas restantes: supongamos que una es un diez. La persona dirá en voz alta «diez» y reparte cinco cartas encima del «diez», mientras cuenta «once, doce, trece, catorce y quince». Si la tercera carta es un ocho, debe repartir siete cartas para llegar al total de quince.

Un as cuenta como uno. De este modo, si se reparte un as, se requerirán catorce cartas más. Todas las cartas con figuras cuentan como diez. Los palos son completamente indistintos en este truco.

Todo esto tiene lugar mientras el mago está ausente. Regresa cuando ya se ha hecho el reparto y recoge el resto de la baraja. Reparte estas cartas rápidamente y luego dice un número, en este caso veinticuatro. ¡Y este número es el total de las tres cartas que están en la parte inferior de los montones!

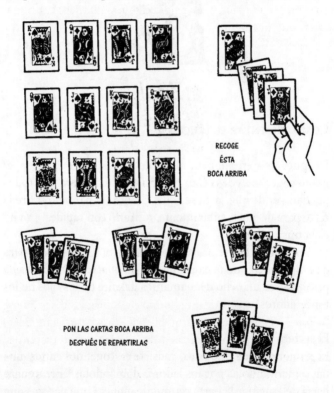

RECOGE
ÉSTA
BOCA ARRIBA

PON LAS CARTAS BOCA ARRIBA
DESPUÉS DE REPARTIRLAS

El secreto

El método es el siguiente: las cartas que quedan revelan el misterio. Al repartirlas, no cuentes las cuatro primeras, pero sí el resto, con lo cual obtendrás el total de las cartas de la parte inferior de los tres montones. Así, de las veintiocho cartas que quedan, se ignoran cuatro, se cuenta el resto y se obtiene el total de veinticuatro (6 + 10 + 8).

¡Zas!

CÓMO PRESENTAR EL TRUCO

Después de extender un mazo de cartas sobre la mesa, el mago coge una y la coloca en un vaso de manera que todos puedan ver de qué carta se trata. Coloca un pañuelo sobre la carta para después, súbitamente, retirarlo con rapidez. ¡Ya no es la misma carta!

Inmediatamente pasa el vaso, la carta y el pañuelo para que el público pueda examinarlo. ¡El cuatro de tréboles ha pasado a ser un ocho de diamantes delante de los ojos de los espectadores!

El secreto

El primer paso de este truco consiste en coger dos cartas juntas, aguantándolas por los lados y doblándolas ligeramente hacia delante por la parte central de manera que parezca que sólo hay una carta. Servirán dos cartas cuales sean. Supondremos que el ocho de diamantes está escondido detrás del cuatro de tréboles.

Una vez que las dos cartas estén en el interior del vaso y juntas, una detrás de la otra con la mayor precisión posible, el vaso podrá mostrarse por todos los lados. Se colocará el pañuelo sobre el vaso y a través de la tela el mago separará las dos cartas que ahora ya no están a la vista.

FÍJATE CÓMO LA CARTA
DE DELANTE SE SACA DEL VASO

COGE DOS
COMO SI SE
TRATARA DE
UNA SOLA

RETIRA LA CARTA
DE DELANTE

LA DEJAS CAER

SOBRE LA BARAJA

Cuando el mago retire el pañuelo con un movimiento rápido, lo que hará será agarrar la carta de delante (el cuatro de tréboles) por encima de la tela y extraerla con la mano derecha, mientras la izquierda aguanta el vaso.

El pañuelo se pondrá rápidamente debajo de la mesa y la mano derecha se inclinará hacia adelante, dejando que el cuatro de tréboles se desprenda del pañuelo de manera que caiga boca abajo sobre las otras cartas de la baraja. Esto permitirá que el mago pase la carta, el vaso y el pañuelo para su inspección sin ningún temor a ser descubierto.

Trío de Reyes

Cómo presentar el truco

Se sacan tres reyes de la baraja y también el as de picas. A continuación, colocas un rey en la parte superior de la baraja, otro en el centro, y el tercero en la parte inferior. Los tres reyes están separados.

Lo siguiente es poner el as de picas en la parte superior de la baraja, anunciando que posee un poder magnético especial que provoca que las cartas se junten. Cortas la baraja y dejas que otra persona la corte dos o tres veces, pero cortes únicos. Luego partes la baraja, extiendes las cartas boca arriba a lo largo de la mesa y allí aparece el as de picas entre los tres reyes. Este truco es un auténtico enigma y nadie sospechará de la simplicidad del método que has seguido. El rey de la parte superior y el rey de la parte inferior se juntan con el as de picas cuando se corta la baraja. Pero ¿qué pasa con el tercer rey enterrado en el centro de la baraja? ¿Cómo se une al resto?

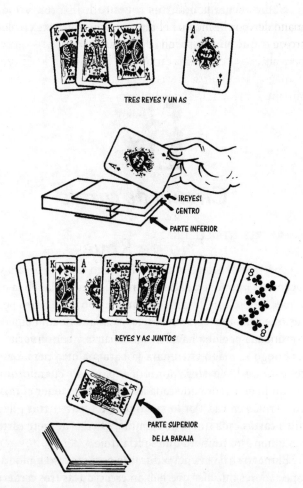

TRES REYES Y UN AS

¡REYES!
CENTRO
PARTE INFERIOR

REYES Y AS JUNTOS

PARTE SUPERIOR
DE LA BARAJA

El secreto

Nunca se une a ellos. Cuando saques los tres reyes y el as de picas de la baraja, pon discretamente el otro rey que falta (el cuarto) en la parte superior de la baraja. Con lo cual estará con los otros dos reyes y el as al final.

Nadie recuerda qué tres reyes se utilizaron y todo el mundo da por hecho que el tercer rey que aparece en el grupo era el que enterraste en la baraja.

Círculo de cartas

CÓMO PRESENTAR EL TRUCO

El espectador baraja las cartas. El mago toma la baraja y va separando montones, haciendo tres pequeñas pilas en la mesa y quedándose con un montón en la mano. Pide a tres personas que cada una coja una carta, cada una de una pila diferente. Cada persona ha de mirar su carta y conservarla.

Luego el mago entregará la baraja a otra persona y le pedirá que haga tres montones, parando cuando quiera teniendo en cuenta que cada montón ha de tener el mismo número de cartas. Por lo tanto puede repartir tres pilas de cinco cartas cada uno, por ejemplo. O pilas de siete cartas o cualquier otro número que se le antoje.

El mago se da la vuelta durante este proceso y pide a los espectadores iniciales que habían escogido las tres cartas que las vuelvan a colocar sobre las tres pilas que han sido repartidas. Cada persona ha de colocar su carta en un montón diferente. El mago puede controlar esta operación para estar seguro de que se siguen sus instrucciones.

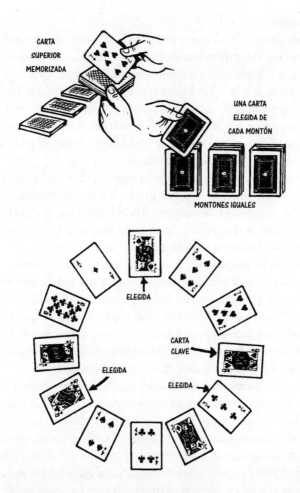

Ahora se recogen los tres montones y cualquier persona corta el montón. Si alguien más lo desea, también podrá cortar la baraja. A continuación, el mago crea un círculo con las cartas, usando todas las cartas del montón. Examinando el círculo descubrirá las tres cartas que se eligieron al principio.

El secreto

Para llevar a cabo el truco, primero tienes que acordarte de la carta superior de la baraja. Esto se podrá hacer disimuladamente cuando hagas los tres montones. Como se ha indicado, en tu mano deberá quedarte un montón. De esta forma, mientras le digas a cada persona que coja una carta, ilustras la operación levantando la carta superior del montón que tienes en tus manos. De esta forma tan simple podrás saber qué carta es y memorizarla.

Cuando ya las cartas han sido cogidas, junta la baraja y deja tu carta (que supongamos que es la dama de corazones) en la parte superior del paquete. De esta manera, al repartir las cartas en tres montones, una a una y boca abajo, tu carta «clave» será la última inferior de uno de los montones.

Las cartas elegidas se vuelven a colocar en los montones, los montones se juntan y se corta el conjunto de cartas. Entonces repartes las cartas formando un círculo, en el sentido de las agujas del reloj. Mientras repartes, cuentas las cartas y divides el total por tres. Por ejemplo, repartes veinticuatro cartas. Obtienes ocho al hacer la división. Esto significa que cada ocho cartas habrá una de las seleccionadas.

Luego buscas tu carta «clave» (seguimos suponiendo que es la dama de corazones). La carta que sigue a la carta «clave» diferirá cada vez; es decir, será siempre la carta que se halle en la parte superior de la baraja: También podrá variar el número de cartas que formen el círculo. Pero siempre podrás hallar las posiciones de las cartas elegidas dividiendo el número total de cartas repartidas por tres. La primera carta elegida siempre estará a continuación de tu carta «clave».

Póquer al instante

Cómo presentar el truco

Tratándose de repartir mágicamente un póquer rápido, no hay ningún otro truco que supere a este que te vamos a explicar a continuación. Después de barajar las cartas anuncia a tus espectadores que les vas a mostrar cómo se las arreglan los jugadores profesionales para repartirse a sí mismos las jugadas maestras. Asumiendo que son cinco jugadores los que juegan, reparte cinco manos de cinco cartas, de una en una y todas boca abajo, tal como es preceptivo en el póquer.

Da la vuelta a las cartas para mostrar que nadie tenía ninguna mano excepcional. Uno podría tener una pareja de dos ochos, por ejemplo; otro, dobles parejas de sotas y cincos, o incluso un trío de alguna cosa, pero el resto de las manos serían muy flojas. Esto, sin embargo, no es motivo de preocupación para un profesional hábil, quien cuando recoge las manos que se han descartado, las coloca para el próximo reparto, es decir, junta las manos en cualquier orden y reparte otra ronda.

Esta vez, las primeras cuatro manos son pobres, como de costumbre, pero cuando llegas a la última —la tuya— demuestras que eres tan hábil como cualquier jugador profesional. Las cartas que enseñas son el as, el rey, la dama, la sota y el diez de picas, es decir una escalera real de color: ¡la mejor mano entre todas en el gran viejo juego del póquer!

El secreto

El sistema es casi automático. Antes de empezar el truco, mira la baraja boca arriba y mueve los cinco corazones más altos a la parte superior de la baraja. Puedes mezclar las cartas, teniendo cuidado en mantener estas cinco cartas en la parte superior. Luego, repartes la primera ronda. Cada jugador tendrá uno de los cinco corazones altos en el frente, aunque nadie se percatará ya que buscan parejas y otras combinaciones. Junta los montones en cualquier orden, ponlas boca abajo y reparte la ronda siguiente. Todas las quintas cartas llegarán a tus manos, y por lo tanto te habrás dado una escalera real de color.

Los cuatro ases

CÓMO PRESENTAR EL TRUCO

Para hacer este intrigante truco, empezarás pidiéndole a alguien que diga un número entre el diez y el veinte. Sea cual sea el número que diga —vamos a suponer que el «15»— repartirás este mismo número de cartas de la baraja sobre la mesa. Luego dirás que vas a retirar de la mesa tantas cartas como la suma que formen las dos cifras del número elegido (en este caso $1 + 5 = 6$). Devolverás entonces dicho número de cartas del montón a la baraja. Colocas a un lado la siguiente carta boca abajo cuidadosamente y pones el resto del montón en la baraja.

Se repite este proceso con otro espectador, que elige libremente un número, que puede ser el «11». Primero repartirás once cartas de la baraja a la mesa; luego pasas dos cartas (1 + 1 = 2) del montón a la baraja, separando la siguiente y poniendo el resto en la baraja. Haces esto una tercera vez —por ejemplo «19» (1 + 9 = 10); y luego, una cuarta vez, por ejemplo «10» (1 + 0 = 1).

Luego destapas las cuatro cartas que pusiste de lado y ante la sorpresa de todo el mundo, resultan ser los cuatro ases. ¡Ya nadie más se fiará de ti, ni querrá jugar contigo al póquer!

El secreto

Este es otro de los trucos fáciles que parecen hacerse solos. Coloca de antemano los cuatro ases en las posiciones 9, 10, 11 y 12 empezando a contar desde el extremo superior del paquete. De esta manera, los ases serán las cartas que tú dejes a un lado sin que para nada importe los números que se elijan ya que van del 10 al 19, ambos inclusive. Cada carta deberá repartirse sobre la carta que tiene delante, invirtiendo el orden en cada cuenta. El total de las cifras simplemente contrarresta el número original.

SEGUNDA PARTE
CUENTOS CON
TRUCOS DE CARTAS

La formulación de un enigma o un truco de cartas incorporado en un relato siempre producen una gran impresión en el público, en particular si se invita a los presentes a que lo «experimenten ellos mismos» después de que el mago haya finalizado su actuación. El propio cuento, en general, despista la atención de la acción principal, consiguiendo así poner a toda máquina los cerebros del público. El término «rompecabezas» es, en este caso, muy adecuado, ya que los trucos de esta sección son eso realmente, aunque puedan presentarse como otra modalidad más del arte de la magia. Hay que subrayar que todos ellos tienen una estructura similar. Cada truco está seguido de otro que es aún más desconcertante, aumentando de este modo la perplejidad del espectador. Esta será una táctica ideal para el principiante.

Cruza el río

Este es un rompecabezas muy sencillo que puede mostrarse como un truco más, y que nos servirá como modelo para otros de naturaleza similar que resultarán aún más singulares. Si lo utilizas de broche inaugural para presentar otros más complejos, conseguirás crear la atmósfera ideal para cualquier cosa que venga a continuación.

El enigma implica a un hombre que tiene una zorra, un ganso y un saco de maíz. Los lleva consigo cuando llega a un río, en donde encuentra una barquita en la que sólo cabe él y una de las tres cargas. No le importaría dejar una de las cargas sola mientras lleva otra al otro lado del río y vuelve a recoger una segunda; pero si deja la zorra y el ganso juntos, la zorra se comería el ganso, y si deja el ganso con el maíz, el ganso se comería el maíz.

El problema que se plantea es: ¿cómo conseguirá llevar todo intacto a la otra orilla?

Para mostrar cómo lo hizo, reparte tres cartas en una columna cerca del lado izquierdo de la mesa. Un AS representará la ZORRA, un TRES representará el GANSO y un CINCO representará el MAÍZ. Al lado pon un REY que ocupará el lugar del HOMBRE, mientras que el amplio espacio hacia la derecha indicará el río. No es necesaria ninguna carta para la barca, ya que el simple movimiento del rey de un lado a otro muestra que el hombre está en la barca. Empieza, pues, a contar el relato haciendo uso de lo que representan con cartas:

«El hombre cruza con el ganso, dejando la zorra con el saco de maíz.» Coge el REY y el TRES y deslízalos hacia la derecha. «A continuación, el hombre regresa solo.» Desliza sólo el REY hacia la izquierda. «Entonces, el hombre coge el saco de maíz». Mueve el REY y el CINCO hacia la derecha. «Y vuelve con el ganso». Vuelve llevando el REY y el TRES. «Luego, recoge la zorra». Lleva el REY y el AS hacia la derecha. «De nuevo vuelve solo». Desplaza el REY hacia la izquierda. «Entonces recoge el ganso y de nuevo cruza el río», dejándolos allí, con el AS y el CINCO.

Si realizas este truco con lentitud y planteando las cosas con total claridad, conseguirás crear mucha intriga aunque sea muy fácil de seguir y por lo tanto de repetirlo. Una cosa que puede dar buen resultado es plantearlo como un desafío y dejar que alguien pruebe a hacerlo primero. Más tarde, si no lo consigue nadie puedes mostrar todo el proceso. En todo caso puedes presentar este otro a continuación:

Mercaderes y ladrones

Para plantear este enigma, emplea tres REYES sin preocuparte del palo, que representarán tres mercaderes, y tres SOTAS que harán de ladrones. Explica que los seis están viajando juntos y tienen que cruzar un río en una barca en la que solo caben dos. Los mercaderes ya se han enterado de que sus compañeros son ladrones, pero mientras sus fuerzas estén equilibradas se sienten seguros. Por ello, no quieren verse superados por los ladrones en número en ningún momento. Esto significa que en ningún momento un mercader deberá quedarse solo con dos ladrones y aún menos seguro sería para los mercaderes, encontrarse en compañía de tres ladrones.

Esto presenta un problema a la hora de cruzar el río en una barca que sólo puede transportar a dos personas al mismo tiempo. Después de hacer esta aclaración preliminar, el truco está en mostrar cómo se puede efectuar todo el traslado, usando reyes y sotas para representar el proceso.

Colocando las seis cartas en la parte izquierda de la mesa, coges dos sotas y las desplazas a la parte derecha explicando: «primero, los mercaderes hacen cruzar a dos ladrones en la barca». A continuación, desplazas una de las sotas de la derecha a la izquierda, haciendo observar que: «naturalmente, uno de los ladrones tiene que volver con la barca».

A continuación, mueves dos sotas de izquierda a derecha, diciendo: «otra vez, se envían dos ladrones al otro lado del río». Entonces, desplazando una de las sotas de derecha a izquierda, añades: «y de nuevo, sólo un ladrón regresa con la barca».

Aquí mueves una pareja de reyes de izquierda a derecha, diciendo: «ahora, dos de los mercaderes cruzan el río juntos, dejando a un mercader y a un ladrón en un mismo lado». Al acabar este movimiento, tomas un rey y una sota de la derecha y los desplazas hacia la izquierda, diciendo: «y uno de los mercaderes se lleva a un ladrón, dejando a un mercader y a un ladrón en la orilla».

Luego, desplazas los dos reyes de la izquierda a la derecha, dejando las dos sotas, mientras añades: «esto permite que los dos mercaderes crucen juntos el río y se unan al que ya está en el otro lado». El resto se explica casi automáticamente. Desplazas una sota de derecha a izquierda, diciendo:

«los mercaderes hacen volver a un ladrón —aquí mueves dos sotas de izquierda a derecha— que transportará al último de los villanos con él».

Si ensayas estos movimientos para poder realizarlos luego con rapidez, empleando las dos manos para acelerar el proceso, el público será incapaz de seguir los movimientos de cerca y por lo tanto se enredará con toda seguridad si intenta repetir el proceso. Lo mismo se puede decir del siguiente truco, que aún es más complicado.

Las tres parejas casadas

En esta nueva variación de «Cruzar el río» se tienen en consideración tanto los palos como los valores. Se realiza con tres reyes y damas emparejados de la siguiente forma: RD, DD; RT, DT; RC, DC (rey de diamantes, dama de diamantes; rey de tréboles, dama de tréboles y rey de corazones, dama de corazones), representando cada una de estas combinaciones a una pareja casada. Todos deben cruzar un río en una barca que sólo puede llevar a dos personas y en ningún momento ningún marido permitirá que su mujer se halle a solas con otro hombre, excepto en el caso de que él también esté allí. Esto vale tanto para la barca como para la orilla. Después de explicar esto, puedes mostrar el truco de la manera siguiente:

Una vez has planteado las condiciones de la situación, coloca los reyes y las damas en una columna en el lado izquierdo. Luego desplaza la DD y la DT juntas hacia la derecha, para representar dos esposas cruzando el río con la barca; luego devuelve la DT a la izquierda, regresando con la barca. A continuación, la DT y la DC atraviesan juntas el río hacia la derecha; y la DC vuelve sola.

La DC sale de la embarcación y se queda con su marido en la orilla, el RC, y mientras tanto, los dos maridos restantes cruzan el río. Aquí desplazas el RD y el RT hacia la derecha. Bajan a tierra con lo cual el RD se une a la DD, que ya estaba allí. Esto permite que el RT y la DT suban a la barca, así que los colocas dentro y los desplazas a la izquierda, para representar que llevan la barca de vuelta al punto de partida.

El RT y la DT bajan a tierra, uniéndose a la pareja que ya está allá, el RC y la DC. El RC toma la barca con el RT y los desplazas a los dos hacia la derecha, dejando a la DT y la DC de nuevo en el punto de partida a la izquierda. La DD vuelve sola en la barca, desplazándola de derecha a izquierda y recoge a la DT, pudiendo así cruzar juntos hacia la derecha, y finalizando el complicado viaje.

Estos movimientos, si se hacen con habilidad, resultan casi imposibles de seguir.

Una barca de tres plazas

En esta versión de las «Parejas casadas» hay cuatro felices parejas, y la embarcación es suficientemente grande para llevar a tres personas. Por lo demás, las condiciones son las mismas: ninguna mujer puede estar acompañada por otro hombre excepto si el marido está presente.

Coloca a los reyes y damas en una columna en la parte izquierda, en el siguiente orden vertical: RD, DD; RT, DT; RC, DC; RP, DP. Empieza haciendo que la DD, DT y DC cojan la barca hacia la derecha; desde aquí, la DC vuelve sola a la orilla izquierda. La DC recoge a la DP y la DP vuelve sola al punto de partida.

Ahora, el RD, el RT y el RC pueden ir juntos a la orilla derecha, uniéndose a la DD, la DT y la DC en este lado del río. Una de las parejas —digamos el RC y la DC— regresan a la orilla izquierda. A continuación, esta misma pareja cruza hacia la derecha, llevando con ellos al RP y dejando a la DP sola en el punto de partida. El RP vuelve al punto de partida, recoge a la DP y completa la travesía yendo al lado derecho.

El siguiente movimiento es cuando el RC y el RP recogen a la DP, pero hay otra manera de realizarlo. Y esta es que el RC y el RP vayan a la orilla derecha juntos, dejando a la DC y a la DP en la parte izquierda. Luego, tanto la DD como la DT pueden ir de derecha a izquierda, recogiendo a la DC y a la DP y llevándolas a la parte derecha.

Hay, naturalmente, alguna otra opción en cualquiera de estas variaciones de «Cruzar el río» por lo que se pueden modificar ligeramente cuando se repiten los trucos, lo que contribuirá a que la gente se rompa la cabeza más todavía que tú en estos momentos si es la primera vez que estás leyendo esta sección. Una buena sugerencia es utilizar una carta adicional que represente la barca, moviéndola hacia un lado y hacia el otro, deslizándola debajo de reyes y damas para transportarlos. Usa un dos como barca que transporta a dos personas y un tres para el que pueda cargar tres. Esto ayuda a acelerar los movimientos.

La mano del superpóquer

Presentada en forma de relato, esta mano suscita exclamaciones incrédulas de jugadores veteranos de póquer, que simplemente no creerán que algo tan extraordinario pueda surgir tan súbitamente. Contarás cómo un grupo de cinco jugadores participaron en una partida que parecía condenada a no traer ninguna mano afortunada. Como ejemplo, repartes cinco manos, una carta cada vez y les das la vuelta, mostrando que a nadie le había tocado nada mejor que una pareja.

Uno de los jugadores era conocido con el sobrenombre de «Ernesto *el honesto*», debido a que podía amañar la baraja sin que nadie tuviera la más ligera sospecha. Y diciendo esto, recoges las manos en cualquier orden, las pones boca abajo en la baraja de la manera que Ernesto *el honesto* lo hubiera hecho, y repartes una nueva mano. Después, las descubres como lo habías hecho anteriormente.

La primera mano fue la mejor de las que habían visto en toda la noche: una escalera, compuesta de una sota, un diez, un nueve, un ocho y un siete de diferentes palos.

La segunda mano fue un color, el cual supera la escalera: la dama, el ocho, el siete, el cuatro y un dos de diamantes. Todos de un mismo palo.

La cuarta mano fue incluso mejor, un full: el rey de picas, el de tréboles y el de diamantes, con un tres de picas y un tres de tréboles.

La cuarta fue una mano que cuando le cae a la mayoría de jugadores de póquer ya se consideran ganadores: cuatro ases, con un solitario cinco de picas.

Pero Ernesto *el honesto* aún tenía reservada la sorpresa. Cuando das la vuelta a sus cartas, muestras una escalera real de color, compuesta por un rey, una dama, una sota, un diez, y un nueve de corazones, mano que está por encima los cuatro ases.

Para lograr esta maravilla tienes que tener la baraja preparada de antemano, pero debido a que la presentación se hace de una manera informal, como si de un cuentacuentos se tratara, nadie estará preparado para lo que ocurre. Dispón las manos exactamente como se describe y pon la primera mano —la escalera— en la parte superior del resto de las veintisiete cartas. Encima, coloca el color, luego el full, a continuación los cuatro ases con su carta suelta, y finalmente la escalera real de color. «¡Suerte!».

No barajes las cartas, excepto si eres capaz de hacer una mezcla convincente pero falsa. Cuenta la historia, haciendo el reparto que la ilustra. Luego muestra las cartas y las recoges en cualquier orden. Repite el reparto y muestra cada una de las manos finales deliberadamente, ordenando las cartas, exactamente como lo haría un jugador. El contraste entre estas manos y las mostradas anteriormente hace que el resultado parezca cercano a lo imposible.

Vuelve Ernesto el honesto

Aquí tenemos otra historia de Ernesto *el honesto* que se inicia como una explicación franca y minuciosa de las artimañas de los fulleros profesionales para llegar a un desenlace sorprendente. Empiezas barajando las cartas y luego explicas cómo Ernesto *el honesto* solía mirar las cartas y deslizar algunas buenas hasta el final del paquete (por ejemplo los cuatro reyes). Luego, durante el reparto habitual, repartía los reyes de la parte inferior siempre que le tocaran a él, claro.

Ilustras esto cogiendo abiertamente un rey de la parte inferior del paquete, sirviendo de quinta carta, de manera que tu mano —que representa la de Ernesto *el honesto*— reciba los cuatro reyes. Ya que hay una carta más que tiene que repartirse, en la última mano lo haces normalmente desde la parte superior de la baraja. Entonces, das la vuelta a las cartas y muestras que te repartiste los cuatro reyes.

Recoges las primeras cuatro manos y las vuelves a colocar en la parte superior de la baraja. Das la vuelta al paquete, y entonces pones los cuatro reyes en la parte inferior del paquete, y la carta suelta por encima de ellos. Di que esta vez mostrarás lo muy sibilinamente que Ernesto *el honesto* puede repartir los reyes desde la parte inferior de la baraja. Lo que haces es repartir una ronda de cinco manos de la parte superior, de manera normal, aunque cada vez que llegas a la quinta mano haces el reparto rápidamente, como si pretendieras robar una carta de la parte inferior. Luego para rematar el final, dices: «En realidad, Ernesto *el honesto* no repartió estos reyes desde la parte inferior.» Con esto, das la vuelta al paquete y muestras los reyes en la parte inferior, y mientras añades: «y ¿por qué no? Porque no los necesitaba. Mientras mirabais tan atentamente, se repartieron ¡cuatro ases!». Ahora muestras las cartas que te has repartido y allí están los cuatro ases con una carta suelta para completar la mano.

¿Sorprendente? Para nada, cuando sabes dónde se esconde el truco. Todo está ya previsto de antemano. Cuando estás revisando la baraja para encontrar los cuatro reyes y colocarlos en la parte inferior para el reparto preliminar, estás buscando asimismo los cuatro ases para colocarlos en la parte superior. Esto es muy fácil, porque puedes simular tener problemas en encontrar los reyes, que finalmente mostrarás abiertamente. Mientras tanto, vas deslizando los ases en la parte superior de la baraja.

Cuando repartes la primera ronda, mostrando a todo el mundo cómo sacas los reyes con disimulo, uno por uno, del final de la baraja para realizar la mano de Ernesto *el honesto*, en realidad estás colocando los cuatro ases en la quinta posición en cada una de las cuatro manos. Por lo tanto, cuando colocas estas manos boca abajo en la parte superior del paquete, ya estás preparado para repartirte los cuatro ases. ¡Inténtalo y ya verás!

TERCERA PARTE
TRUCOS DE CARTAS
AVANZADAS

A medida que los trucos de cartas se complican, los clasificamos en la categoría de «avanzados». Sin embargo, esta categoría no supondrá ninguna dificultad adicional para el principiante. En realidad, estos trucos están hechos expresamente para él. Lo que deberá hacer el principiante es emplear la experiencia ganada haciendo trucos más sencillos para conferir un halo aún más enigmático a estos trucos avanzados. Aquí, el manejo de la misma baraja se convierte en un factor esencial. Al barajar y cortar el paquete con la soltura y seguridad que la experiencia otorga, el mago pronto convencerá a un público medio de que la destreza también es parte primordial de su trabajo aun cuando les esté desconcertando con secretos y maniobras sutiles que no son capaces de imaginar.

El círculo enigmático

Se disponen diez cartas numeradas del uno al diez siguiendo las agujas del reloj, tal como se ilustra en la figura A.

A un espectador se le pide que seleccione una carta mentalmente y el mago promete revelarla por medio de sus artes misteriosas.

Luego se le dice que señale otra carta que no sea la que ha seleccionado mentalmente. El mago suma diez al valor de la carta. Por ejemplo: supongamos que el ocho es la carta en la que el espectador ha pensado y seis la carta señalada. El mago suma diez al seis, obteniendo dieciséis (véase figura B).

«Colócate en el seis», dice el mago, «y empieza a contar a partir del número que seleccionaste mentalmente. Cuenta para ti mismo mientras vas recorriendo el círculo hacia la izquierda y detente cuando llegues a dieciséis.»

El espectador comienza a contar desde «ocho» empezando en el seis. Luego toca el cinco y cuenta «nueve», toca el cuatro y cuenta «diez» y así sucesivamente. Cuando llega a dieciséis, el final de la cuenta, descubre que está tocando el lugar del ocho, es decir ¡la carta que seleccionó mentalmente! (véase la figura C).

Cuando la persona acaba de contar, asombrado, el mago sonríe y dice: «¡Ésta es la carta que seleccionaste mentalmente!».

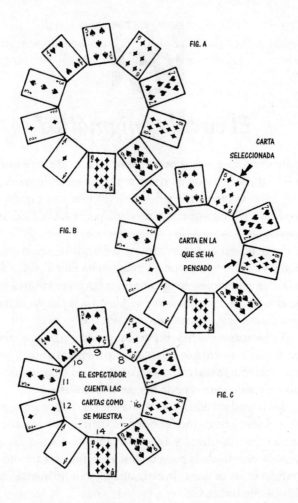

FIG. A

CARTA
SELECCIONADA

FIG. B

CARTA EN LA
QUE SE HA
PENSADO

EL ESPECTADOR
CUENTA LAS
CARTAS COMO
SE MUESTRA

FIG. C

Este truco siempre funciona. Si se escogiera el número cinco mentalmente y el dos fuera el señalado, se le pediría al espectador que contara doce. Éste empezaría a contar donde se halla el dos, diciendo «cinco» y contando hasta doce llegaría al «cinco».

72

Se cuenta siempre contra la dirección de las agujas del reloj, es decir, hacia la izquierda. El truco es muy sencillo de realizar, pero desconcierta a aquellos que no lo entienden.

El truco de las veinte cartas

CÓMO PRESENTAR EL TRUCO

Se seleccionan veinte cartas de la baraja al azar y se ordenan por parejas, boca arriba sobre la mesa (véase la parte superior de la ilustración en la página 76).

Se permite a varias personas seleccionar cualquier pareja mentalmente. El mago ni siquiera observa las cartas atentamente, pero las recoge y las dispone al azar y separando las parejas. Las cartas formarán cuatro filas de cinco cartas cada una (véase la parte inferior de la ilustración).

El mago pedirá a una persona que escoja su pareja y que indique las hileras donde aparecen las dos cartas. La persona lo hace y el mago rápidamente muestra las dos cartas de la pareja. Repite el descubrimiento con cada una de las parejas restantes.

El secreto

El truco de este asombroso misterio se apoya en cuatro palabras latinas. El mago las imagina como si las deletreara sobre una mesa con grandes letras, de la manera siguiente:

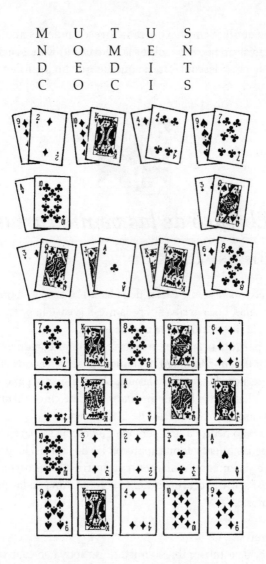

Al repartir, recoge las parejas en un montón y reparte las
dos primeras cartas sobre la imaginaria M: la M de MUTUS

y la M de NOMEN. Las siguientes dos van en las imaginarias letras U; luego dos sobre las letras E; dos sobre las N; dos sobre las D; dos sobre las Y; y dos sobre las C.

Esto da la impresión de dejarse en manos del azar, pero no es así. Si una persona dice que sus cartas aparecen en las hileras 1 y 2, sólo pueden estar en las M; si aparecen en la fila 4, pueden estar sólo en las letras C; y así sucesivamente.

Tres hileras

Éste es un astuto truco de adivinación de los que dejan perplejos a todos los presentes y les hace estar seguros de que no puede haber ninguna explicación razonable. Sin embargo, el secreto está en una fórmula muy sencilla.

CÓMO PRESENTAR EL TRUCO

Se colocan quince cartas como se muestra en la ilustración inferior. Una persona seleccionará una carta mentalmente y señalará la hilera en la que se halla.

Se recogen las cartas y se vuelven a repartir. El espectador que ha seleccionado la carta observa dónde está colocada y muestra de nuevo la hilera. Se vuelve a recoger las cartas y a disponerlas y, esta vez, cuando se señala la fila en donde se halla la carta escogida, el mago señala la carta al instante.

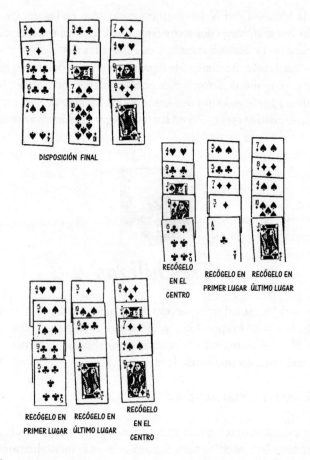

DISPOSICIÓN FINAL

RECÓGELO
EN EL
CENTRO

RECÓGELO EN
PRIMER LUGAR

RECÓGELO EN
ÚLTIMO LUGAR

RECÓGELO EN
PRIMER LUGAR

RECÓGELO EN
ÚLTIMO LUGAR

RECÓGELO
EN EL
CENTRO

El secreto

Supongamos que la carta escogida mentalmente sea la sota de picas. Se señala su montón en la primera colocación de las cartas como se muestra en el dibujo de la parte inferior.

Al recoger las cartas, el montón designado se coloca entre los otros dos. Entonces, se pone boca abajo el paquete de cartas y se reparten en tres nuevas hileras, pero las cartas se reparten horizontalmente en filas de tres. Sin embargo, se colocan de forma que se superpongan para que formen tres hileras verticales. La segunda ordenación muestra cómo pueden colocarse. Se designa la fila que contiene la carta escogida y de nuevo se recoge colocándola entre las otras dos. Las cartas están boca abajo y la colocación se repite horizontalmente, llevando las tres hileras que aparecen en la ordenación final a la derecha en el dibujo de la parte inferior.

Esta vez la carta elegida (la sota de picas) ha sido localizada en la mitad del montón. El mago podrá señalarla instantáneamente, ya que será la carta del centro del montón designado.

Este truco también funciona con veintiún cartas, dispuestas en tres hileras de siete.

Las cuatro sotas

Éste es un truco muy ingenioso y desconcertante. Deberás aportar un poco de destreza por tu parte y aprenderás a hacerlo con suma facilidad.

CÓMO PRESENTAR EL TRUCO

El mago muestra en abanico cuatro sotas. Explica que se trata de cuatro ladrones que han decidido robar una casa, representada por la baraja.

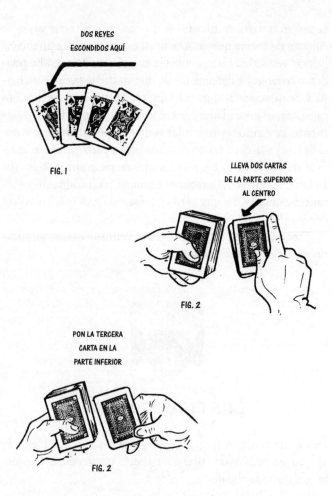

DOS REYES
ESCONDIDOS AQUÍ

FIG. 1

LLEVA DOS CARTAS
DE LA PARTE SUPERIOR
AL CENTRO

FIG. 2

PON LA TERCERA
CARTA EN LA
PARTE INFERIOR

FIG. 2

El mago hace que los ladrones entren en la baraja en diferentes lugares —parte superior, central e inferior— que denomina puerta principal, puerta lateral y puerta trasera. Luego corta la baraja —una señal para los ladrones— y cuando extiende la baraja, hallamos a las cuatro sotas ¡juntas en el centro!

El secreto

Además de las cuatro sotas, se utilizan dos reyes. Están escondidos detrás del abanico, detrás de la sota de corazones. La posición se muestra con claridad en la figura 1. Ésta es la única parte del truco en la que se necesita habilidad pero cualquiera puede aprender fácilmente a ocultar los reyes haciendo que coincidan exactamente con las sotas que tienen delante.

El mago dispone las sotas boca abajo en la parte superior de la baraja durante un momento. A continuación, empieza a distribuirlas en diferentes partes de la baraja. Toma las dos cartas de la parte superior —supuestamente sotas— y las desliza hacia el centro (véase figura 2). Pero son en realidad los dos reyes los que mueve hacia el centro. No deberán mostrarse las cartas boca arriba.

A continuación pone una sota en la parte inferior (figura 3), y descuidadamente muestra su cara mientras lo hace. Le da la vuelta a la carta de la parte superior y muestra que es una sota.

Luego corta la baraja, y las cuatro sotas se juntan en el centro, porque en realidad hay tres en la parte superior y una en la inferior.

La fila de diez

Aquí presentamos un truco muy efectivo que es a la vez rápido y sorprendente. Es uno de los mejores experimentos de la magia improvisada y siempre confirma su interés.

PHILIP SIMMONS

Lee las instrucciones con atención y comprobarás cómo serás capaz de realizar el truco en cuanto cojas un mazo de cartas.

CÓMO PRESENTAR EL TRUCO

Se colocan sobre la mesa diez cartas boca abajo.

El mago se pone de espaldas y le dice a alguien que mueva un cierto número de cartas de la parte izquierda de la fila a la parte derecha. Una vez realizado esto, el mago se da la vuelta, coge una carta y la muestra. ¡El número de la carta indica el número de cartas que se movieron! El mago repite el truco inmediatamente.

El secreto

Las diez cartas empleadas van del uno al diez y están ordenadas empezando por el as en la parte izquierda. Los palos de las cartas no tienen importancia (figura A).

Se muevan las cartas que se muevan, el mago sólo tiene que coger la carta del extremo derecho de la fila y su numeración le indicará cuántas cartas se movieron (figura B).

El mago devuelve la carta a su lugar y de nuevo se pone de espaldas pidiendo a otra persona que mueva más cartas de izquierda a derecha. Esta vez añade el número de la carta que previamente cogió a uno, cuenta hasta este número empezando por la derecha y le da la vuelta a la carta correspondiente.

La figura C lo aclara. La primera vez, el mago destapó un tres, así que la segunda vez destapa la cuarta carta de la derecha (uno más tres). Para repetir el truco una vez más, tendría que añadir cinco más (en el dibujo se indica que se movieron cinco), obteniendo un total de nueve desde la derecha. Los números del dibujo se han señalado simplemente como ejemplos.

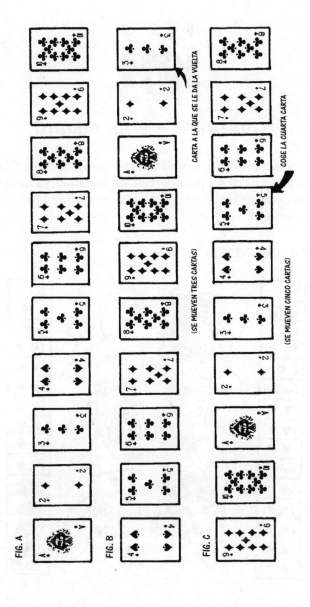

Una fuera – Una debajo

Para hacer este truco se utilizan trece cartas, que van desde el as al rey de un mismo palo. Una vez las cartas estén ordenadas por adelantado, el mago estará listo para empezar su actuación.

Cómo presentar el truco

DESCUBRE UN AS

UNA CARTA DEBAJO

DESCUBRE UN 2

El mago sostiene en su mano un paquete de trece cartas boca abajo. Destapa la carta de arriba del paquete. Es un as. A continuación pone la siguiente carta debajo del paquete. Destapa la carta siguiente. Es un dos. Pone la siguiente carta debajo. Destapa la siguiente carta y resulta ser un tres. Pone la otra carta debajo. Sigue con esta operación —una fuera y otra debajo— con todas las cartas.

Al destapar las cartas, éstas aparecen en orden desde el as hasta el rey en una secuencia numérica.

El secreto
Observa el dibujo de la página 84. Muestra el orden exacto: AC-DC-2C-8C-3C-SC-4C-9C-5C-RC-6C-10C-7C. Allí verás el orden que deben mantener las cartas, el método para repartirlas y el resultado final.

Las parejas unidas

En realidad se trata de dos excelentes trucos en uno. Podría decirse que el segundo es la continuación lógica del primero, así que están explicados juntos.

Cómo presentar el truco

Se colocan los cuatro reyes en un montón y lo mismo se hace con las cuatro damas. Se ponen los dos montones juntos, boca abajo y cortados varias veces. El mago los coloca a su espalda y retira las parejas juntas: rey y dama de corazones; rey y dama de picas; y así sucesivamente.

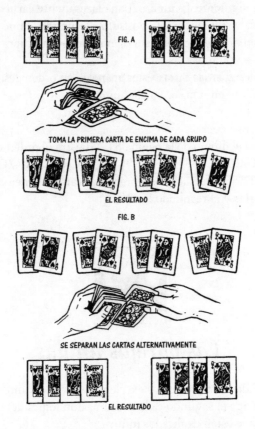

FIG. A

TOMA LA PRIMERA CARTA DE ENCIMA DE CADA GRUPO

EL RESULTADO

FIG. B

SE SEPARAN LAS CARTAS ALTERNATIVAMENTE

EL RESULTADO

El secreto

Cortar el paquete no supone ninguna dificultad, siempre que se divida por su justa mitad. Cuando las cartas se coloquen a la espalda del mago, éste separa las cuatro cartas de encima de las cuatro cartas de abajo. Luego muestra la primera carta de cada uno de los dos montones. Las cartas serán el rey y la dama del mismo palo.

PERO para que este truco funcione, hay que remitirse a la figura A. Observa que los cuatro reyes y las cuatro damas siguen el mismo orden por palos, es decir: corazones, tréboles, diamantes y picas. Esto es fundamental.

CÓMO PRESENTAR EL SEGUNDO TRUCO

El mago hace un montón con todas las parejas unidas. Se corta el paquete varias veces. Las cartas se esconden detrás de la espalda del mago y éste saca los reyes en una mano y las damas en la otra.

El secreto

Observa la figura B. Asegúrate de que cada rey esté debajo de una dama. Coge las cartas, ponlas a tu espalda y separa las cartas pares de las impares. Un grupo será el de los reyes y el otro el de las damas.

La adivinación mental

Deberás utilizar la baraja completa de cincuenta y dos cartas para hacer este truco basado en un ingenioso principio. Si se usan todas las cartas, pueden colocarse fácilmente sobre una mesa.

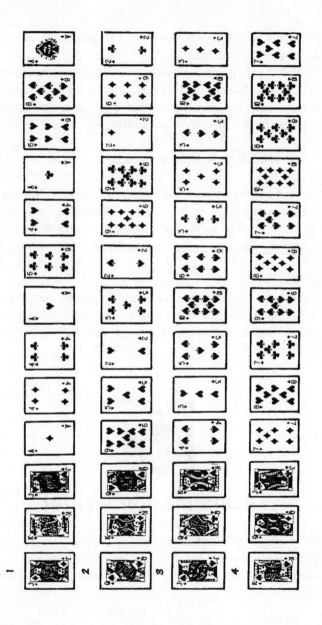

Cómo presentar el truco

Se coloca la baraja tal como se indica en la ilustración. El orden de las cartas de cada fila puede alterarse, pero las cartas de figuras tienen que estar siempre a la izquierda y en el extremo de la derecha de cada fila siempre deberán estar las mismas cartas.

Una persona selecciona mentalmente una carta. Le dice al mago en qué filas ve cartas de ese número. Por ejemplo, si escogiese un diez, diría las filas 3 y 4; una dama, las filas 2, 3 y 4; y un as, la fila 1.

Luego mira las cartas de figuras y le dice al mago en qué filas aparecen cartas del palo elegido, sólo entre las cartas de figuras.

Así, si escoge un siete de diamantes, dirá: «Mi número sólo aparece en la fila 4. Y entre las figuras, mi palo está en las filas 1, 2 y 4». El mago estará entonces en condiciones de decir al instante la carta escogida.

El secreto

El mago da un valor 1 a la fila 1; 2 a la fila 2; 3 a la fila 3; y 7 a la fila 4. La primera fila es la de las picas; la segunda la de los tréboles; la tercera la de los diamantes; y la cuarta la de los corazones. La carta del extremo derecho de cada fila da la clave de esa fila. Considera que la sota tiene un valor de 11, la dama de 12 y el rey de 13.

Si una persona dice: «Veo una carta de mi número en las filas 1 y 3», el mago sabe que ha de ser un cuatro, al sumar 1 y 3. Si dice que ve una carta de su número en las filas 1, 3 y 4, el mago sabe que es una sota, al sumar 1, 3 y 7 que dan un total de 11.

Si la persona dice: «Veo una carta de mi palo en las filas 1, 2 y 3», el mago sabe que el palo es el de corazones, porque

PHILIP SIMMONS

la fila 4 no se mencionó y esta fila es la de corazones; su omisión significa corazones.

Si dice: «Veo una carta de mi palo en las filas 1, 3 y 4», el mago nombra los tréboles como palo, ya que la fila 2 (omitida) es la de tréboles.

Recuerda que al decir en dónde está colocado el palo, la persona que ha hecho la elección debe mirar únicamente las cartas de figuras. Es por ello por lo que constituyen un grupo aparte. Si se quiere se pueden mover un poco hacia un lado. Recuerda también que, cuando tengas que sumar, la fila 4 tiene un valor de 7.

Hay que aprender varias cosas para poder ejecutar este truco. Pero, con un poco de práctica, lo podrás realizar sin un instante de vacilación.

La suma misteriosa

Este truco está basado en un simple sistema que lo hace muy sencillo para la persona que lo conoce pero imposible de descubrir para aquellos que no lo sepan. Se realiza con toda la baraja de cartas.

CÓMO PRESENTAR EL TRUCO
Una persona coge la baraja y extrae una carta, de la que recordará su número. La coloca boca abajo y reparte suficientes cartas para llegar al total de doce, contando a partir del

número de la carta original. Por ejemplo, la primera carta resulta ser un cinco. El espectador deberá poner siete cartas encima de ella, repartiendo las cartas boca abajo, y sin fijarse en cuáles son.

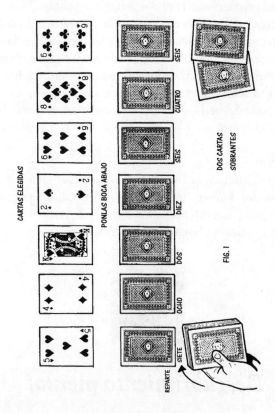

FIG. 1

El espectador escoge otra carta de la baraja y vuelve a hacer lo mismo. Un as tiene el valor de uno, pero si se elige una figura, su valor será de diez. Continúa seleccionando otra carta y poniendo cartas encima de ella, hasta que acaba con todo el paquete.

Si el reparto no es exacto, es decir, si no hay suficientes cartas para llegar hasta doce con la última carta elegida, esta carta y las que sobran se deberán colocar boca abajo.

La figura 1 ilustra un reparto típico, en el que se muestra cada paso claramente. Hay dos cartas que sobran. Todo esto tiene lugar mientras el mago no mira. Sin embargo, cuando presta atención, simplemente recoge las cartas que sobran e inmediatamente nombra el total de las cartas que se encuentran en el final inferior de los diferentes montones. En este caso, el total es cuarenta y uno (véase la figura 1). Esto lo hace a pesar del hecho de que ¡las cartas inferiores están boca abajo!

El secreto
Cuenta el número de montones (en este caso siete). Resta cuatro a este número (quedan tres). Multiplícalo por trece (son treinta y nueve). Súmale el número de cartas sobrantes (dos) y ¡ya tienes el total! Funciona siempre.

Descubrimiento mental

Aquí presentamos un truco que tiene todos los elementos de un verdadero misterio. Rivaliza con algunas de las mejores muestras de la prestidigitación y es sabido que ha dejado perplejos a magos ya veteranos. No obstante, no es necesario ningún talento especial para hacerlo.

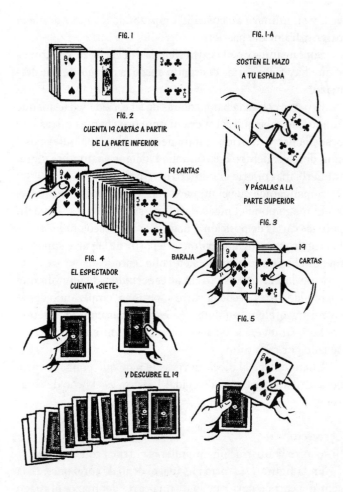

FIG. I

FIG. I-A

SOSTÉN EL MAZO
A TU ESPALDA

FIG. 2

CUENTA 19 CARTAS A PARTIR
DE LA PARTE INFERIOR

19 CARTAS

Y PÁSALAS A LA
PARTE SUPERIOR

FIG. 3

FIG. 4
EL ESPECTADOR
CUENTA «SIETE»

BARAJA

19
CARTAS

FIG. 5

Y DESCUBRE EL 19

CÓMO PRESENTAR EL TRUCO

El mago deja que una persona baraje las cartas. A continuación, le pide que mire las cartas del mazo empezando por la parte de abajo y que recuerde una entre todas las cartas que vea, y su número de posición empezando a contar desde la parte inferior del paquete.

Supongamos que la carta elegida es el ocho de corazones y que hay siete cartas contando desde la parte inferior del mazo.

El mago coloca la baraja detrás de su espalda y declara que aunque no sabe qué carta era ni tampoco cuántas cartas hay desde la parte inferior, tratará de moverla a cualquier posición deseada dentro del paquete. Pide que se nombre algún número, mayor que el número original.

Supongamos que el número que se elige es el diecinueve.

El mago pone el mazo detrás de su espalda y mueve un poco las cartas de posición. Luego dice que ha colocado la carta elegida en el lugar diecinueve a partir de la parte superior, menos el número elegido (siete) que ignora.

Saca la baraja y se lo da al espectador, diciéndole que cuente las cartas desde la parte superior, y empezando desde su número elegido (siete). El espectador cuenta «siete», «ocho», «nueve», y así sucesivamente, poniendo una carta de lado por cada número.

Cuando llega al diecinueve, se le pide que ponga la carta boca arriba y ¡es la carta elegida! La carta es el ocho de corazones.

El secreto

Si se mira la ilustración entenderás el truco con claridad.

En la figura 1, la carta elegida, el ocho de corazones, es la séptima carta a partir de la última carta del mazo. El mago no sabe qué carta es, ni tampoco su posición en la baraja.

Cuando el mago pone la baraja a sus espaldas, pide un número más alto, diciendo que pondrá la carta elegida en una nueva posición, aunque no sabe cuál es la carta elegida ni su posición actual (véase la figura 1-A).

Cuando se le da el número diecinueve, el mago cuenta para sí mismo las diecinueve cartas desde la parte inferior del paquete y las pone en la parte de arriba, sin alterar el orden de las cartas (véanse las figuras 2 y 3).

Esto ocurre a sus espaldas y, por tanto, sin que los espectadores sepan lo que está haciendo el mago.

Ya tienes hecho el truco. El mago dice que ha colocado la carta elegida en la posición diecinueve contando desde la parte superior de la baraja, menos siete, que era el número de posición que ocupaba originalmente la carta a partir de la última carta inferior de la baraja. El espectador, por lo tanto, deberá empezar su cuenta desde el número siete (figura 4) y finalizar en el diecinueve. En ese momento dará la vuelta a la carta correspondiente y se encontrará con ¡el ocho de corazones que había elegido! (véase la figura 5).

Puedes realizar este truco sin saber cuál es la razón que lo hace funcionar. Sin embargo, no está de más una breve explicación de su principio para que logres entenderlo.

Si los espectadores eligieron la última carta del mazo, cogerían la carta uno de la baraja en este caso el cinco de tréboles (véase la figura 1). Luego, al mover las diecinueve cartas de abajo a arriba del mazo, el cinco de tréboles que se había elegido sería naturalmente la carta diecinueve contando a partir de la parte superior del montón. En este caso, la cuenta empezaría con el número uno y acabará con la carta diecinueve, la carta elegida.

Supongamos que la carta elegida sea la quinta carta de la parte inferior del mazo (el rey de tréboles). Cuando el mago pide un número mayor, supongamos que le dicen doce. Entonces pasará las doce cartas de abajo a arriba. El espectador empezará su cuenta con el número cinco y acabará con el doce, dándole la vuelta a la carta elegida, el rey de tréboles.

Adivinación misteriosa

Los «trucos mentales», que ofrecen la impresión de estar en relación directa con los poderes paranormales, siempre dan un resultado deslumbrante. Con este truco que te explicamos a continuación podrás hacer creer que eres capaz de leer la mente como si se tratara de un libro abierto. Eso sí, si lo realizas adecuadamente. No entraña ninguna dificultad especial y es un truco que parece hacerse solo. Sin embargo, el secreto de este truco es tan sutil que ha dejado impresionadas a las mentes más perspicaces.

Cómo presentar el truco

El mago reparte dieciséis cartas en cuatro montones de cuatro cartas cada uno. A continuación da un montón a cada una de cuatro personas. Cada persona deberá recordar una carta de su montón. El mago recoge las cartas y las reparte en cuatro montones. Coge el primer montón, muestra las cartas boca arriba y pregunta si alguien ve su carta seleccionada mentalmente en el montón. Si una persona responde afirmativamente, ¡el mago señalará al instante la carta! Repite el proceso con los montones restantes hasta que ha escogido cada una de las cartas elegidas sin equivocarse ni una sola vez. ¡Ni siquiera tendrá que mirar las cartas boca arriba para confirmarlo! Podrá permitirse el lujo de ver la mirada perpleja de su público, una de las mayores satisfacciones del mago.

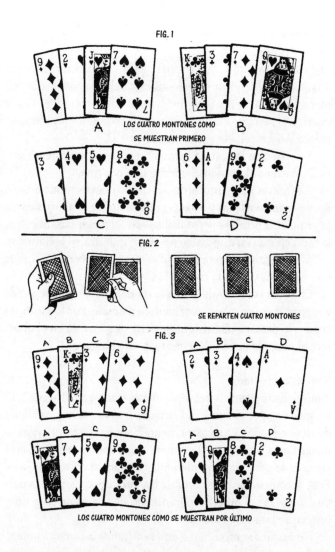

FIG. 1

LOS CUATRO MONTONES COMO SE MUESTRAN PRIMERO

FIG. 2

SE REPARTEN CUATRO MONTONES

FIG. 3

LOS CUATRO MONTONES COMO SE MUESTRAN POR ÚLTIMO

A continuación se indican diferentes métodos para ejecutar la maniobra mágica.

El secreto

Primer método:

Los cuatro montones tal como se mostraron anteriormente aparecen en la figura 1. Se le muestra el montón A a la primera persona, el B a la segunda, el C a la tercera y el D a la cuarta. Al recoger los montones, se dispone A boca abajo, se coloca B sobre él, luego C y finalmente D.

Se reparten las cartas formando cuatro montones (figura 2), haciéndolo ordenadamente una por una.

Cuando el mago muestra uno de los nuevos montones, lo hace a cada una de las personas preguntándole si su carta está a la vista. Si la primera persona dice «sí», el mago sabe que A es la carta elegida en este grupo (como se muestra en la figura 3).

Si la segunda persona ve su carta, será la carta B, si es la tercera, la C, y si es la cuarta, la D.

En otras palabras, hay una carta de cada persona en cada grupo y el mago sabe exactamente en dónde. Por lo tanto, en cuanto la persona admite que su carta elegida está en el montón, el mago la puede identificar sin dificultades.

Segundo método:

Aquí prescindiremos del reparto mostrado en la figura 2. El mago da cuatro cartas a cada una de las personas y cada una de ellas selecciona una carta mentalmente. Luego, el mago se dirige hacia la persona D y toma una de sus cartas. Coge otra carta de la persona C, poniéndola boca abajo encima de la de D. A continuación toma otra de B y otra de A. Después vuelve a empezar el proceso, obteniendo una carta de cada uno, hasta que las recoge todas.

De esta manera, *el mago está realizando automáticamente el reparto*. Sólo tiene que mostrar las cuatro cartas superiores del montón que ha recogido y estarán ordenadas tal como aparecen en la figura 3.

Nota: Para hacer más fácil la explicación, se ha descrito el truco con cuatro grupos de cuatro cartas cada uno. También se puede llevar a cabo con cinco grupos de cinco cartas cada uno, con seis grupos de seis cartas o incluso con siete grupos de siete cartas. El efecto será más espectacular si el truco se realiza con seis o siete personas.

El montón mágico

El Montón mágico es un truco muy eficaz que tiene una naturaleza matemática pero que depende del álgebra y no de la simple aritmética, como es lo más frecuente. La aplicación de este principio es tan poco común que nadie es capaz de descubrir el truco.

CÓMO PRESENTAR EL TRUCO

El mago se pone de espaldas y le pide a una persona que distribuya tres montones de cartas de cuatro cartas cada uno por lo menos. Cada montón tiene que tener el mismo número de cartas, aunque el mago no ha de saber cuántas son.

«El montón central», dice el mago, «tiene una energía peculiar que me permite ver cómo se puede manipular para hacer que tenga el número de cartas que decidamos entre uno y doce. Di tú mismo el número.»

Imaginemos que el número que elige la persona es «cinco».

«Muy bien», dice el mago, «lleva tres cartas del montón derecho al central» (véase la operación A en la ilustración).

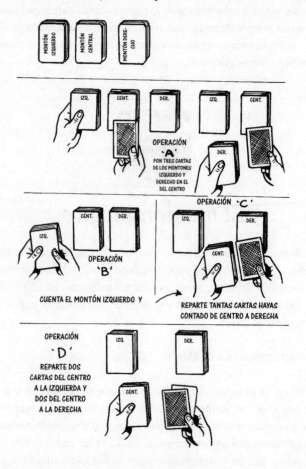

Se le dice entonces a esta persona que cuente las cartas que quedan en el montón izquierdo. Suponiendo que inicialmente había once cartas en cada montón, contará ocho cartas en el montón izquierdo (operación B).

Luego el mago le pide que coja el montón central y que de él cuente el mismo número de cartas que encontró en el montón izquierdo y las coloque en el montón derecho (operación C). En este caso, hay ocho cartas en el de la izquierda, de modo que la persona cuenta esa cantidad en el montón central y las pone en el derecho.

«Ahora», dice el mago, «coge dos cartas del montón central y ponlas en el izquierdo y luego dos más y las pones en el montón derecho (operación D).

En cuanto la persona ha terminado de llevar a cabo las indicaciones del mago, éste le anuncia que tiene ¡las cinco cartas deseadas en el montón central!

Ten en cuenta que el mago, de entrada, no tiene ni idea de cuántas cartas hay en cada montón. Todo se hace mientras el mago está de espaldas. El haber usado once cartas en cada montón (dibujo superior izquierdo) tiene el propósito de servir meramente como ejemplo. Pueden haber diez o quince cartas en cada montón, el único requisito es que cada montón tiene que tener la misma cantidad de cartas.

El secreto
Las operaciones A, B y C son siempre las mismas. No tiene ninguna importancia cuántas cartas se utilicen. El mago no necesita saberlo, ya que al final de la operación C siempre habrá exactamente nueve cartas en el montón central.

Por lo tanto, la operación D debe variarse para conseguir hacer que el montón del medio tenga el número deseado. Resultará útil entonces el uso de algunas operaciones sin importancia, como la transferencia de dos cartas del montón izquierdo al derecho.

Supongamos que el público quiere que al acabar haya dos cartas en el montón central. El mago puede hacer que la persona indicada añada una carta del montón izquierdo al central (se tendrían diez cartas en el centro) y a continuación pedir que se pasen del montón central cuatro cartas hacia la izquierda y cuatro más hacia la derecha, dejando dos en el montón central.

O si son doce las cartas que se desean que permanezcan en el centro, el mago puede decir sencillamente que se añadan tres cartas en el montón central. Hay que recordar siempre hacer las operaciones A, B y C de la misma manera cada vez que se ejecuta el truco. Entonces habrá nueve cartas en el montón central y por una operación (D) o por una serie de operaciones el mago podrá obtener la cantidad de cartas deseada en el montón central, de la manera que más le apetezca.

Tres montones mágicos

Ya hemos dicho alguna vez que no es una buena idea repetir un truco, puesto que se aumentan así las probabilidades de que te descubran el secreto. Observarás que muchos de los trucos de esta sección muestran un gran parecido desde el punto de vista del espectador, pero los principios o métodos para su ejecución son visiblemente diferentes.

Esto permite que el mago pueda presentar un truco similar, aunque no idéntico, cuando le pidan que repita el que acaba de realizar. Con ello, el público se quedará aún más perplejo si cabe.

El truco que vamos a describir a continuación puedes presentarlo junto con «La suma misteriosa». Aunque es diferente, posee suficientes elementos en común para que puedan incrementar su efectividad conjuntamente (véase página 90).

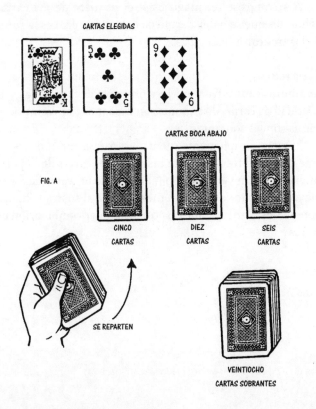

CARTAS ELEGIDAS

CARTAS BOCA ABAJO

FIG. A

CINCO CARTAS

DIEZ CARTAS

SEIS CARTAS

SE REPARTEN

VEINTIOCHO CARTAS SOBRANTES

CÓMO PRESENTAR EL TRUCO

El reparto de las cartas se hace de una manera similar a la de la «La suma misteriosa», pero en este caso el as valdrá por once, aunque las figuras continúan teniendo un valor de diez. Durante la ausencia del mago, se escogen tres cartas y se colocan boca abajo sobre la mesa. Se añaden suficientes cartas hasta llegar a un total de quince en cada montón y el resto del paquete se pone a un lado.

A su regreso, el mago coge el paquete de las cartas sobrantes que se había dejado de lado y dice cuál es la suma de las tres cartas escogidas.

El secreto

La figura A muestra una elección típica de tres cartas y la cantidad de cartas distribuidas en cada montón. Veintiocho cartas son las sobrantes.

El mago simplemente cuenta las cartas sobrantes y sustrae cuatro al total. En este caso, las tres cartas de la parte inferior suman veinticuatro (el rey tiene un valor de diez). Hay veintiocho cartas sobrantes, así que al sustraer cuatro obtenemos el total. Funciona con cualquier combinación de cartas.

CUARTA PARTE
TRUCOS CON MONEDAS

Los utensilios básicos que te hacen falta para hacer los trucos de esta sección son, obviamente, monedas de tamaños diversos, según el truco de que se trate. Además de las monedas, otros materiales de uso común que resultarán esenciales serán las cajas de cerillas, un sombrero, un vaso, un plato y una cuerda cuya longitud dependerá de las indicaciones específicas de cada truco. En esta sección se incluyen trucos para los que necesitarás usar monedas chinas, debido a su particular característica de tener un agujero en el centro. No obstante, podrás utilizar cualquier otra moneda con agujeros o bien arandelas metálicas que podrás encontrar fácilmente en cualquier ferretería. Ambas servirán para el mismo propósito. Las monedas, como las cartas, son ideales para los principiantes, como se comprobará al poner en práctica los siguientes trucos.

La moneda equilibrista sobre el pañuelo

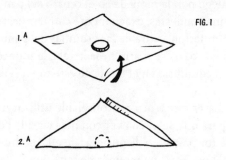

FIG. 1

1.ᴬ

2.ᴬ

3.ᴬ

4.ᴬ

SEPARA LAS DOS PUNTAS
PARA ABRIR EL PAÑUELO

5.ᴬ

FIG. 2

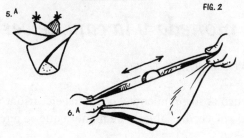

6.ᴬ

Cómo presentar el truco

El mago coloca una moneda en el centro de un pañuelo. Doblará el pañuelo por la mitad y la moneda se mantendrá en equilibrio en el borde doblado.

El secreto
Primero dobla el pañuelo de manera que se quede en un cuarto de su tamaño original. Esto se hace doblándolo dos veces. Luego pon la moneda en el centro del pañuelo y coge las esquinas opuestas, exactamente como muestra la figura 1. A continuación, estira de las esquinas del pañuelo y verás cómo un surco o canal atraviesa la tela; la moneda se mantendrá en equilibrio en el borde de este canal (véase la figura 2).

Para hacer este truco es aconsejable utilizar una moneda grande para que se pueda ver con más claridad desde lejos. De todas formas, si no dispusieras de ella, podrás ejecutarlo sin problemas con una moneda de tamaño mediano.

La moneda y la caja de cerillas

Cómo presentar el truco

Este truco es sorprendente y de rápida ejecución. Se utiliza una caja de cerillas abierta de manera que se pueda ver el interior. Al cerrar la caja y volver a abrirla, aparecerá dentro una moneda.

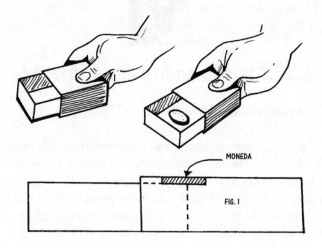

El secreto

Tienes que prepararte el truco antes de empezar. Abre el cajoncito de la caja de cerillas por la mitad y calza la moneda entre la parte superior de la caja de cerillas y el final del cajoncito. Éste estará abierto por la mitad cuando hagas esto. En la figura 1 se explica la posición correcta.

La caja de cerillas podrá entonces mostrarse aparentemente vacía. Pero, al cerrarla, la moneda caerá dentro del cajoncito y allí aparecerá al abrir de nuevo la caja.

Las dos monedas equilibristas

Cómo presentar el truco

He aquí un ingenioso truco para el que necesitarás dos monedas del mismo tamaño. Se colocan las monedas en la mano izquierda. Luego se cogen con la mano derecha de manera que queden entre el pulgar y el índice y una moneda al lado de la otra. Para la sorpresa de todo el mundo, las monedas se mantienen en equilibrio entre el pulgar y el índice.

El secreto

La ilustración desvela el truco. Muestra cómo aparecen las monedas vistas por la parte frontal —tal como las ve el público— y cómo aparecen por la parte trasera, en donde no son visibles.

Debajo de las monedas tienes un trozo del palito de la cerilla o de un palillo, de exactamente la misma medida de las dos monedas juntas. Cuando sostienes las dos monedas juntas, el trozo escondido de madera las aguanta y permite que las sostengas juntas de esta manera tan increíble.

En busca de la moneda elegida

CÓMO PRESENTAR EL TRUCO

Este truco te gustará. Necesitas ocho o nueve monedas pequeñas para ejecutarlo y que cada moneda tenga grabada una fecha diferente. Pídele a una persona entre el público que tire las monedas en un sombrero y que coja una al azar.

Se hace pasar la moneda seleccionada entre los asistentes de manera que todo el mundo excepto tú sepa cuál es la fecha inscrita en la moneda. A continuación se vuelve a echar dentro del sombrero con el resto de las monedas. Coges el sombrero e inmediatamente sacas la moneda elegida y sin haber visto siquiera la fecha.

El secreto

Como la moneda va pasando de mano en mano se va calentando, pero no así las demás, que permanecen frías. Éste es el secreto. Cuando metas la mano en el sombrero, palpa las monedas hasta que sientas la que está caliente. En nuestros días, es más fácil utilizar una bolsa de papel que un sombrero.

La moneda giratoria

CÓMO PRESENTAR EL TRUCO

Haz girar una moneda sobre la mesa. A pesar de estar de espaldas, en el momento en que la moneda deja de girar podrás decir inmediatamente si es cara o cruz.

El secreto

Para lograrlo, coge una moneda y haz una incisión en un canto del lado de la cara. Deja que alguien haga girar la moneda y escucha cómo para. Si se para despacio, sabrás que la moneda ha caído con la cara hacia arriba. Si se para de repente, sabrás que es cruz. Usa una navaja para hacer la incisión en la moneda.

La moneda que atraviesa la manga

Pide prestada una moneda y tírala dentro de la manga izquierda de tu chaqueta. Todo el mundo se quedará pasmado cuando recojas la moneda a través de la manga, cerca del codo.

El secreto
En el dibujo superior se aprecia fácilmente cómo presentar el truco. El dibujo inferior descubre el secreto. Se coloca una segunda moneda entre los botones de la manga de la chaque-

ta, fuera de la vista. Los dedos de la derecha llevan la moneda hacia el codo.

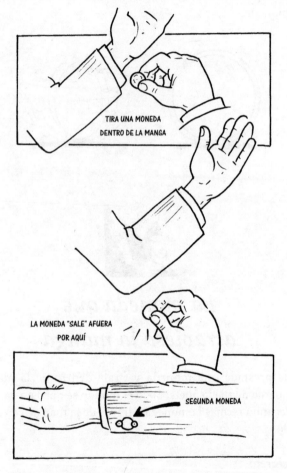

Como la moneda no está a la vista, darás la impresión de sacar la moneda original a través de la manga de la chaqueta.

La moneda y el sombrero

CÓMO PRESENTAR EL TRUCO

Se coloca un sombrero boca arriba encima de un vaso. A continuación coges varias monedas y las sostienes encima del sombrero. Todo el mundo puede ver que el vaso está vacío.

Cuando dejas caer las monedas dentro del sombrero, una de ellas atraviesa la copa y cae en el vaso. El público podrá examinar, si así lo desea, el sombrero, el vaso y las monedas.

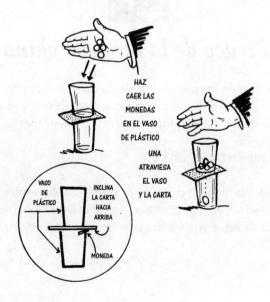

HAZ CAER LAS MONEDAS EN EL VASO DE PLÁSTICO

UNA ATRAVIESA EL VASO Y LA CARTA

VASO DE PLÁSTICO

INCLINA LA CARTA HACIA ARRIBA

MONEDA

El secreto

Para poder hacer este truco, primero deberás colocar una moneda en el borde del vaso y luego poner el sombrero encima. Empuja la moneda ligeramente hacia la parte interior de manera que sea solamente el peso del sombrero lo que la sostenga en su lugar.

Cuando tires las monedas con la mano derecha, levanta el sombrero muy ligeramente con la izquierda. Esto liberará la moneda que caerá dentro del vaso. Este mismo efecto puede conseguirse utilizando dos vasos de plástico y un naipe. Se sitúa la moneda en el borde del vaso y se cubre con el naipe.

El truco de la moneda china

Este es uno de los trucos de bolsillo más desconcertantes. Aunque resulta muy efectivo con una moneda china, se puede también ejecutar con un anillo o una anilla de metal.

CÓMO PRESENTAR EL TRUCO

Se ensarta la moneda china en un cordel que dos espectadores sostendrán por sus extremos. Se cubre la moneda con un pañuelo. El mago pondrá su mano unos instantes debajo del pañuelo.

Retira el pañuelo y la moneda aparece atada al centro del cordel.

A la vista de todos, el mago libera la moneda del nudo y la extrae del centro de la cuerda.

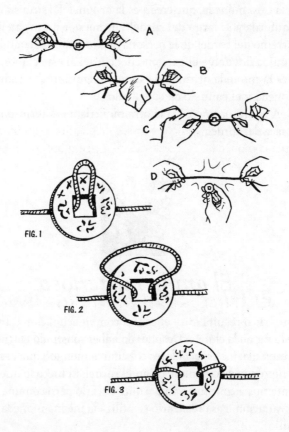

FIG. I

FIG. 2

FIG. 3

El secreto

El mago tiene otra moneda igual, escondida debajo del pañuelo.

Pone sus manos debajo del pañuelo sosteniendo la otra moneda en su mano. Como nadie puede ver lo que está haciendo, ata la segunda moneda al centro de la cuerda, haciendo un bucle como muestran las figuras 1, 2 y 3.

Esconde la moneda original en su mano izquierda. Con la derecha levanta el pañuelo, y la que los espectadores ven es la otra moneda, que creen es la original. Desliza su mano izquierda a lo largo del cordel y toma por un momento el extremo del cordel de la persona que lo estaba sujetando. En seguida devuelve el extremo del cordel al espectador, pero saca la moneda original de su mano izquierda y guarda la moneda y el pañuelo en su bolsillo.

A continuación coge la otra moneda y misteriosamente la saca del cordel.

El anillo misterioso

Este truco resulta muy eficaz en combinación con «El truco de la moneda china». Después de haber mostrado el truco de la moneda, los espectadores solicitan a menudo que el mago ponga de nuevo la moneda en el cordel. El método que presentamos a continuación permite hacerlo pero con una ligera variación. Para realizarlo se utiliza la misma moneda o un anillo.

CÓMO PRESENTAR EL TRUCO

Se atan las manos del mago con un bucle de cuerda entre ellas tal y como aparece en la figura 1 de la página siguiente. Los nudos están atados e incluso sellados si se desea.

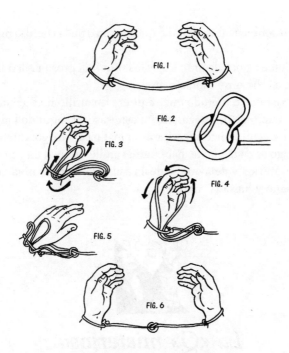

A continuación, el mago tomará un anillo y se dará la vuelta durante unos instantes. Cuando muestre sus manos, el anillo aparecerá ensartado en la cuerda con la que están atadas (véase figura 6).

El secreto

Coge un bucle de cuerda y hazlo pasar por el centro del anillo (figura 2).

A continuación, hazlo pasar por debajo del cordel que rodea la muñeca y por encima de los dedos como se muestra en las figuras 3 y 4.

A continuación lleva el bucle por debajo del cordel a la parte interna de la muñeca y pásalo otra vez por encima de los dedos tal como se muestra en la figura 5.

En consecuencia, el anillo quedará atado a la cuerda (figura 6).

Con un poco de práctica, estos movimientos pueden llevarse a cabo muy rápidamente.

Existe otro método que requiere un anillo más grande, del tamaño de un brazalete. En este caso, el segundo anillo se coloca en la parte superior de la manga del mago. Cuando el mago se da la vuelta, hace caer el anillo original en su bolsillo interior y deja que se deslice el otro de su manga, por su mano y hasta la cuerda.

La «Q» misteriosa

Este truco se puede realizar con monedas, fichas del juego de las damas, naipes, cerillas o cualquier otro objeto que quieras. Se trata de un juego de manos muy efectivo.

CÓMO PREPARAR EL TRUCO

Coloca las monedas en forma de Q tal como se muestra en la figura 1 de la ilustraciónde la página siguiente.

Se le pide a una persona que empiece a contar hacia arriba por la cola de la Q y hacia la izquierda hasta el número que quiera. Luego, empezando en la moneda en la que se quedó, cuenta el mismo número de antes en la dirección opuesta y siguiendo el círculo.

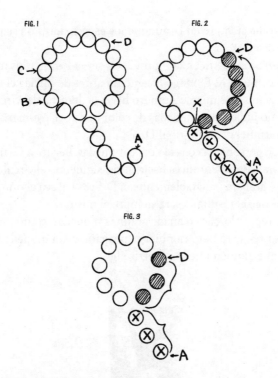

FIG. 1 · FIG. 2 · FIG. 3

Por ejemplo: cuenta de A a B (figura 1); es decir, nueve monedas. Luego cuenta de B a D, que son otras nueve monedas, deteniéndose en D.

Esto se lleva a cabo mientras el mago está de espaldas, pero cuando se dé la vuelta inmediatamente señalará la moneda en donde se acabó de contar.

El secreto

La persona que cuenta siempre acabará en la misma moneda, sin importar el número que elija. Si contara primero desde A hasta B y luego lo hiciera hacia atrás, acabaría en A. En cuanto a las monedas que están en el círculo de la Q, la cuenta se acaba siempre en D, aunque los espectadores no se percatan de ello.

Esto se muestra en la figura 2. Observa los círculos marcados con una X. El mago los cuenta antes de iniciar el truco y cuenta este mismo número hacia la derecha del círculo, tal como indican las monedas de color oscuro. De esta manera determina el punto final D.

Si la persona ha contado once monedas, llegará a C (figura 1) y al contar entonces hacia atrás, siguiendo el círculo de la «Q», acabará inevitablemente en D. Sea cual sea el número que escoja, el resultado será siempre el mismo.

Al repetirlo, saca o añade algunas monedas, como indica la figura 3. Esto hará cambiar la posición de la moneda D y evita que alguien pueda advertir algo.

La moneda que gira y desaparece

CÓMO PRESENTAR EL TRUCO

Haz girar una moneda sobre sí misma encima de un plato. Mientras esté dando vueltas golpea y cubre la moneda con la caja de cerillas. Pregunta entre los asistentes si ha salido cara o cruz. Cuando levantes la caja para ver la moneda, ¡ésta habrá desaparecido!

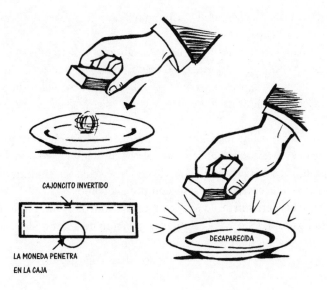

CAJONCITO INVERTIDO

LA MONEDA PENETRA
EN LA CAJA

DESAPARECIDA

El secreto

Lo más indicado es utilizar una moneda de tamaño pequeño. Pon el cajoncito de la caja de cerillas boca arriba en la tapa. Golpea bruscamente la moneda mientras da vueltas con la caja consiguiendo así que la moneda corte la tapa y se quede en la caja. De esta manera, cuando levantes la caja la moneda habrá desaparecido.

Pon la caja en tu bolsillo y simula buscar la moneda desaparecida (véase la ilustración).

Nota del editor: Este truco estaba en el libro original y se ha dejado por razones históricas. Aunque este truco funciona bien cuando se realiza a la perfección, existe el riesgo de romper el plato y además, en nuestros días, son muy escasas las posibilidades de encontrar cajas de cerillas con las características adecuadas.

QUINTA PARTE
TRUCOS DE HIPNOTISMO

A continuación te enseñaremos algunos trucos de hipnotismo que demostrarán ser muy sencillos una vez los hayas ensayado. Sin embargo, poseen la capacidad de dejar atónitos a muchos. Si bien es cierto que se trata de simples trucos que no exceden los dominios del arte de la magia, algunos de ellos constituyen auténticos «pasos preliminares» que los hipnotizadores emplean como arranque de los experimentos más sofisticados. Así que, aunque se trate de simples «pruebas», es mejor crear una atmósfera extraordinaria para impresionar más a los espectadores y a los voluntarios. Si desde un primer momento miras fijamente a los ojos del sujeto, si describes movimientos extraños con las manos y hablas con una voz solemne, a menudo serás capaz de convencer a muchas personas de que realmente están presenciando una auténtica exhibición de hipnotismo. De esta forma, cuando otras personas se sometan a los siguientes trucos mostrarán la actitud apropiada.

La prueba de fuerza

Elige una persona cuya fuerza sea aproximadamente igual a la tuya y explícale que vas a generar una fuerza magnética tal que le será imposible vencer.

Para demostrarlo, pon tus brazos al nivel de tu pecho por delante de tu cuerpo, extiende los dedos índices de las dos manos y ponlos con las puntas en contacto. Manténlos así durante unos instantes para producir una fuerza magnética.

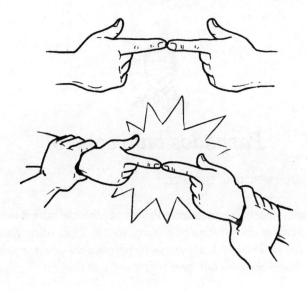

125

Ésta es un demostración muy convincente. No estás usando ningún tipo de utensilio para sujetar los dedos. Simplemente pones los extremos de tus dedos juntos mientras el espectador se está empleando a fondo en separarlos sin conseguirlo. Es un hecho realmente prodigioso.

El secreto
El secreto reside en la posición de las manos. Si presionas tus dedos índices firmemente uno contra otra al nivel de tu pecho, la ventaja es tuya, pues la fuerza que estás ejerciendo será mucho más productiva que sus intentos por separar tus manos.

Mediante esta estrategia, una persona más débil que otra puede ejercer más fuerza que ésta. Parece que alguien de superior fuerza hubiera perdido su musculatura prodigiosamente tirando de las muñecas de su adversario tratando de separarlas. Parece algo sencillo de hacer, pero en realidad es casi imposible.

Párpados bajo control

CÓMO PRESENTAR EL TRUCO

Éste es un ardid sorprendente. Pídele a alguien que mire al frente durante unos instantes. A continuación, hazle mirar hacia arriba sin levantar la cabeza y que permanezca de este modo. Él deberá alzar sus ojos para seguir tus indicaciones.

Dile que continúe mirando hacia arriba constantemente tanto como le sea posible y que cierre sus párpados. Aun con los ojos cerrados, él deberá mirar todavía hacia arriba, manteniendo sus globos oculares en la misma posición.

Pídele a continuación que trate de abrir sus párpados. Anúnciale con voz solemne que él va a perder la capacidad para hacer esto. No va a tener siquiera fuerza suficiente para hacer un movimiento tan simple como abrir sus propios ojos. Cuando él haya fracasado, como podrás verificar por el temblor de sus párpados, pídele que se relaje, que baje sus ojos como si tratara de mirar a sus pies y que abra sus párpados. Lo hará sin ningún problema.

El secreto

En este truco se pone en juego un principio muscular muy simple. Resulta muy difícil abrir los párpados cuando los ojos están mirando hacia arriba. Es un truco que sorprende mucho a aquellos que lo intentan.

Dedos inseparables

CÓMO PRESENTAR EL TRUCO

Pídele a alguien que cierre sus puños sin excesiva fuerza y que apoye los nudillos de un puño contra los nudillos del otro. A continuación, pídale que separe las manos y que extienda ambos anulares (los que están al lado de los meñiques) de manera que sus extremos se toquen.

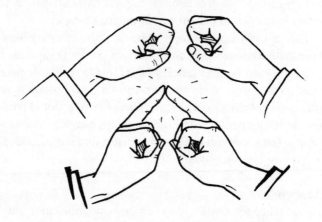

Entonces, los nudillos de los demás dedos deberán juntarse de forma que los anulares queden extendidos sólo hacia arriba. El mago ya está preparado para el experimento.

El mago asegura que dejará sin fuerza a los anulares. El espectador perderá todo control muscular sobre sus dedos. El mago anuncia que los anulares en contacto no podrán separarse por sí mismos sin mover los nudillos.

El espectador descubre con asombro que no puede separar las yemas de los dedos, los cuales parecen estar unidos por una fuerza de la que no es dueño.

El secreto

Los dedos anulares no tienen la fuerza que tienen los demás dedos. Simplemente no pueden separarse cuando se colocan de la forma descrita. El mago se aprovecha de este hecho poco conocido para producir un efecto inquietante.

La rodilla débil

CÓMO PRESENTAR EL TRUCO

Éste es uno de los trucos hipnóticos más sorprendentes. Tú mismo lo comprobarás cuando lo realices.

El mago le pide a una persona que se mantenga de pie al lado de una pared, que sitúe su pie derecho contra la pared y que separe el izquierdo unos 15 centímetros del derecho.

El mago lanzará con sus manos las «ondas mágicas» hacia la rodilla izquierda de la persona y anunciará que se encuentra bajo hipnosis, de manera que ha perdido la voluntad propia. Él pedirá al voluntario que levante su pie izquierdo muy lentamente sin cambiar la posición de sus pies.

El invitado lo intenta pero fracasa. De algún modo, toda la fuerza ha abandonado su rodilla izquierda. La sensación es absolutamente increíble. Finalmente, el mago le pedirá al voluntario que desista de su empeño y que camine hacia delante, con lo que la fuerza regresa a su rodilla dando la impresión de que el efecto hipnótico se ha desvanecido.

El secreto

Éste es un truco muy efectivo y lo mejor es que puedes intentarlo sobre ti mismo para comprobar lo bien que funciona. En realidad, el hipnotismo no tiene nada que ver con él.

La persona no se inclina contra la pared. Simplemente coloca su pie derecho contra la pared. Por ello, la posición es cómoda. Pero cualquier intento de levantar el pie izquierdo lentamente implica que el peso deberá descargarse sobre el pie derecho. Cuando la persona trate de descargar su peso sobre su hombro derecho se encuentra con el obstáculo de la pared sin poder ir más allá. De aquí que no pueda dejar caer su peso sobre su pie derecho. Él se cree que ya lo ha hecho, pero la pierna izquierda todavía recibe gran parte de su peso y, debido a esto, no podrá levantar el pie izquierdo.

La sensación de indefensión se concentra en la rodilla derecha y resulta muy intrigante. Nadie en un millar advertirá dónde reside el truco, que es sencillo pero muy ingenioso.

La onda eléctrica

CÓMO PRESENTAR EL TRUCO

El mago apunta con los dedos índices los ojos de un voluntario y le pide que mire fijamente a los extremos de los dedos. Entonces el espontáneo, cuando se le pida, cerrará los ojos para que el mago pueda tocar sus párpados con los dedos.

El mago susurra con tono profundo y enigmático: «ahora experimentarás una extraña sensación, una onda eléctrica que pasará por tu cabello».

El mago presiona ligeramente los párpados del voluntario con los extremos de sus dedos y la persona siente un cosquilleo en su cabeza. Entonces el mago le ordena abrir los ojos, aparta los dedos de sus párpados y el voluntario continúa mirando fijamente sus dedos.

El secreto
Éste es un truco original. Cuando el voluntario cierra sus párpados, el mago extiende sus dedos índice y corazón de su mano derecha y toca con ellos los párpados del voluntario.

Éste, que ha estado mirando atentamente los extremos de sus dos dedos índices, naturalmente supone que ambas manos del mano están ocupadas.

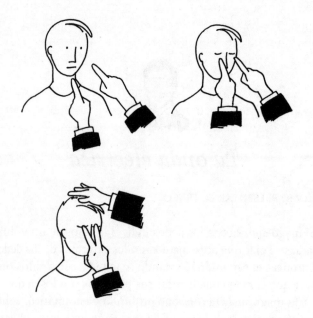

Acto seguido el mago desliza ligeramente su mano libre por el cabello de la persona mientras que con los dos dedos presiona sus párpados para que no los pueda abrir. Si todo esto se hace con cuidado, la persona no se dará cuenta de que es la mano del mago lo que pasa suavemente por su cabello. Parece como si una fuerza eléctrica hubiera pasado por su cabeza.

El mago pone de nuevo su «mano eléctrica» en su lugar inicial y cuando la persona se vea liberada de la presión ejercida sobre sus párpados se encontrará mirando fijamente los dos dedos índices de las dos manos justo como al principio.

Si se hace hábilmente, el truco tiene un efecto sorprendente que dejará a la persona mirando a su alrededor en busca de algún aparato que pudiera haber causado la descarga. Por supuesto, se trata de un truco para hacer sólo a una persona; si se realiza ante varias, se puede hacer únicamente por su comicidad, pues los espectadores verán perfectamente la treta y se reirán de la sorpresa que muestra el desprevenido voluntario.

Este truco también puede hacerse a manera de una exhibición espiritualista. Entonces deberemos decir que la sensación sobre el cabello se debe a los espíritus que se ciernen sobre la persona y no a una descarga eléctrica.

La mano magnetizada

CÓMO PRESENTAR EL TRUCO

El voluntario alargará su mano, cuya palma el mago frotará durante unos instantes. A continuación, el mago alza su mano y chasquea sus dedos. La mano del voluntario se levantará, en obediencia a la orden dada por el mago.

El secreto

Sólo practicando este truco conseguirás hacerlo con eficacia. Antes que nada, deberás agarrar la muñeca del voluntario con tu mano izquierda y presionar su mano cuando la frotes con tu mano derecha. Pídele que mantenga su mano en esa posición. El resultado será que él inconscientemente presionará hacia arriba.

Cuando apartes tu mano bruscamente y chasquees tus dedos, su mano tenderá naturalmente a alzarse como si alguna fuerza magnética le atrajera en esa dirección.

¡Ahora te levantarás, Barrabás!

CÓMO PRESENTAR EL TRUCO

En este experimento, el voluntario se sentará en una silla. Se recostará hacia atrás, cruzará los brazos y extenderá sus pies.

El mago le pedirá que se mantenga en esa posición durante unas momentos.

El hipnotizador anunciará entonces que impedirá que el voluntario se levante de la silla colocando tan sólo su yema del dedo sobre su frente. El mago presionará la frente del voluntario de la manera explicada y dirá: «No puedes levantarte. Has perdido todas tus fuerzas. Trata de levantarte».

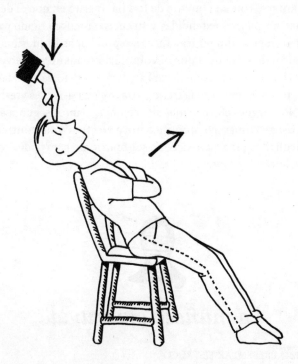

El voluntario hará fuerza y fuerza, pero descubrirá que es inútil; finalmente, el mago dirá: «¡Ahora te levantarás, Barrabás!» y quitará su dedo. El voluntario se levantará entonces, sin dificultad alguna.

El secreto

Para realizar con éxito este truco, primero deberás entrenarte y experimentar con un amigo para saber dónde se encuentra la posición exacta. El voluntario deberá tener sus piernas completamente extendidas y su cabeza bien reclinada hacia atrás, de manera que casi le cuelgue. El objeto es que él se coloque en una posición tal, en la que necesite alzar su cabeza para levantarse completamente de la silla. Insiste en que él debe tener sus piernas extendidas y su cuerpo un poco rígido para que tu fuerza «hipnótica» fluya sin problemas.La presión de un dedo bastará para que el voluntario se mantenga en esa posición; pero la presión deberá ser firme y aplicada en el sitio exacto, en el centro de la frente, para impedir así que se resbale. No alargues el truco más allá de unos cuantos segundos.

Éste es un truco hipnótico muy efectivo y no contiene dificultad alguna, pero debería ser practicado para poder realizarlo con brillantez.

La muñeca embrujada

CÓMO PRESENTAR EL TRUCO

Pide a una persona que cierre su puño con fuerza con el dedo pulgar dentro. A continuación, dobla su brazo hacia arriba y presiona su puño muy firmemente contra su hombro en la zona inferior de la axila.

Ahora, pídele que saque su dedo pulgar de su puño. Lo hará sin ninguna dificultad.

«Eso es fácil —dices—, pero yo haré ahora que la misma operación sea muy difícil. Sujeta tu puño donde está y trata de volver a meter tu dedo pulgar en tu puño. ¡No podrás hacerlo!»

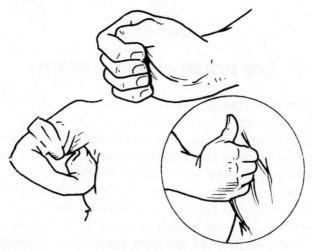

El secreto

Cuando el voluntario intenta volver a meter su dedo pulgar en su puño, recibirá un tirón en la muñeca. Es una sensación muscular muy sorprendente que proporciona la impresión de que alguna fuerza extraña ha tomado el control de la muñeca dejándola sin fuerza.

Este mismo truco funcionará también con algunas personas si se coloca el puño firmemente sobre la parte superior del hombro, cerca del cuello. Esta posición es más cómoda, pero no hay seguridad plena de que funcione.

En ambos casos, el puño se deberá presionar firmemente en la posición elegida; la relajación de la mano obstaculizaría el truco. De manera que asegúrate de que el voluntario siga tus instrucciones con exactitud.

Los brazos hipnotizados

CÓMO PRESENTAR EL TRUCO

Aunque este es un truco muy sencillo, realizado con gracia siempre funciona. En apariencia, el mago hará que los brazos de un voluntario asciendan por autosugestión.

Pide a una persona que permanezca derecha en el quicio de una puerta y que presione los marcos de la entrada con el reverso de sus antebrazos. Le pedirás que haga esto con todas sus fuerzas y que mantenga esta posición rígida como si estuviera tratando de agrandar la entrada.

Entonces, habla lentamente anunciándole que va a entrar en un estado hipnótico que te permitirá hacer que él reaccione de la manera que tú desees.

Finalmente, le dirás que dé un paso al frente y le advertirás que él imitará inconscientemente cualquier movimiento que tú realices. Cuando él avance hacia delante y separe los brazos del marco de la puerta, tú alzarás los brazos describiendo una cruz con tu cuerpo. Ante la sorpresa del voluntario y de aquellos que estén presenciando la demostración, los brazos del voluntario reaccionarán y se levantarán al mismo tiempo que los tuyos, hasta que se alineen aproximadamente con los hombros. Y esto, sin que la mente de la persona haya dado ninguna instrucción a sus brazos para que hagan este movimiento.

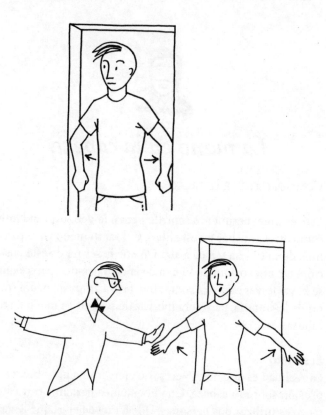

El secreto

El secreto de este truco estriba en la presión. Los brazos de la persona están haciendo presión hacia arriba cuando están forzando los laterales de la puerta. Avanzar un paso al frente libera la presión y los brazos, ahora liberados, tenderán a alzarse por sí solos.

Deberás pronunciar tu pequeño discurso esotérico mientras la persona está haciendo presión en la puerta. De esta forma tendrás garantizado un buen resultado.

La mano en la cabeza

CÓMO PRESENTAR EL TRUCO

Este es un experimento sencillo pero a la vez sorprendente, como otros muchos en este libro. Coloca tu mano en la coronilla de tu cabeza y pide a alguien que la separe de esta posición. De nuevo aquí, la fuerza de la otra persona parece que se haya desvanecido. Él podrá tirar, podrá empujar, podrá tratar de levantarla, pero será incapaz de separar tu mano de tu cabeza.

El secreto

La realidad es que no es necesario ejercer una gran fuerza o presión sobre tu cabeza. Una buena idea para mostrar este truco es utilizar dos personas. Dile a una de ellas que le vas a transferir una fuerza impresionante, mientras que el otro verá cómo sus esfuerzos resultan inútiles.

Haz que la primera persona coloque su mano en su cabeza, ejerciendo cierta presión. Pídele a la segunda que emplee todas sus fuerzas en separar la mano de la cabeza de la primera persona tirándola de la muñeca. Ambos se quedarán sorprendidos. El primero porque puede resistir sin apenas esfuerzo y el segundo porque utiliza todas sus fuerzas para nada.

Aire frío

CÓMO PRESENTAR EL TRUCO

El mago pedirá al voluntario que extienda y abra una de sus manos con el pulgar apuntando hacia arriba. El mago frotará la mano y entonces suspenderá su propia mano de manera que las yemas de sus dedos queden cerca de la palma de la persona.

El mago anunciará que él provocará un vapor frío que saldrá de las yemas de sus dedos y que el voluntario experimentará en la palma de su mano. Esto no ocurre inmediatamente, así que el mago subirá su mano un instante para colocarla otra vez cerca de la palma de la mano de la persona.

Repetirás la operación y, esta vez, la persona sentirá que una sensación de frío se desliza por la palma de su mano. Esto es muy sorprendente y la persona se preguntará si ha sido, de hecho, una víctima de la imaginación (véase la ilustración).

El secreto

En realidad, el mago no hará que su voluntario crea que su mano experimenta frío; él genera de verdad una ráfaga de aire frío sin que la persona se dé cuenta de ello. Cuando él levanta su mano, el mago sigue balanceando su mano hacia la palma del espectador. Sus dedos se detienen cerca de la palma y se quedan allí. El movimiento de la mano crea una ligera brisa alrededor de las puntas de los dedos y hace que la palma de la mano del espectador sienta el frío.

La razón de frotar la mano antes del truco es darle calor y, en consecuencia, hacerla más sensible al frío. No es necesario balancear la mano rápidamente, un sencillo movimiento será suficiente. Podrás practicar el truco, ensayando con tus propias manos.

Las manos juntas

CÓMO PRESENTAR EL TRUCO

Este es un truco con un doble efecto. Harás creer que tienes poder para anular la fuerza de una persona. Primero, colocarás tus puños juntos e invitarás a una persona a que trate de separarlos. El voluntario tirará de tus brazos pero no podrá moverlos. Cuando haya fracasado en su intento, pídele que cierre y junte los puños como lo hiciste tú para que puedas demostrar que ha perdido toda su fuerza. Entonces tú separarás sus manos con suma facilidad usando solamente tus dedos índices.

El secreto

Esta es una demostración muy convincente y, sin embargo, la fuerza no tiene nada que ver con ella. Cuando coloques juntos tus puños, los nudillos contra los nudillos y los brazos extendidos, tendrás a tu adversario en una posición de desventaja muscular, de manera que él no podrá ejercer suficiente fuerza para separar tus manos.

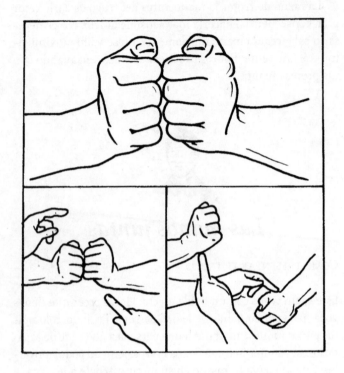

Cuando él coloque sus puños juntos, no trates de separarlos. En lugar de ello, extiende tus dedos índices y sujeta una de sus manos por encima de uno de sus puños y tu otra mano por debajo de su otro puño. A continuación, presiona hacia abajo con tu mano superior y hacia arriba con tu mano inferior.

Si ejecutas esta operación con rapidez, separarás sus puños tan pronto que se quedará completamente desconcertado.

La pérdida de la fuerza

Cómo presentar el truco

Este truco provocó una auténtica sensación hace algunos años. Con su aparición se despertó una gran expectación sobre los poderes ocultos, —de origen probablemente hipnótico— y se llegó a abrir una discusión científica. Una persona ligera de peso lo realizará con mayor espectacularidad.

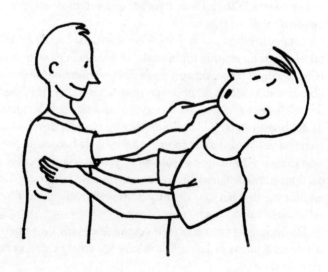

El mago manifestará que será capaz de presionar sobre cierto nervio que sustraerá toda la fuerza de un hombre mucho más robusto que él. El mago toca la barbilla de esta persona, encuentra el lugar concreto que busca y presiona allí. Entonces le pedirá a la persona más fuerte que él que trate de alzarlo. No podrá, ante su sorpresa. El hombre más fuerte sujetará al mago bajo las axilas y empleará todas sus fuerzas para levantarlo del suelo, pero no obtendrá resultado alguno.

El secreto

El «nervio» de la barbilla no es más que una astuta artimaña que permitirá al mago llevar a cabo el truco con éxito. Para levantarlo, el hombre robusto necesitará curvarse hacia delante. El mago le impedirá hacer algo tan simple presionando su cabeza hacia atrás y apoyando con firmeza su dedo índice contra la barbilla de aquel al que estamos «desposeyendo de toda su fuerza».

Ésta es la razón por la que los hombros que han de levantar al mago no estarán en la posición adecuada para ejercer la fuerza en la dirección apropiada. Su posición no está equilibrada y sus fuerzas no obtienen resultados visibles. El mago deberá hacer ver que es de la mayor importancia la búsqueda del lugar justo en la barbilla. De esta manera desviará la atención del verdadero secreto. Se debe evitar hacer una presión excesiva. El mago tan sólo ha de procurar que la cabeza del voluntario esté hacia atrás cuando trate de levantarle. De esta forma, una persona de muy poco peso puede vencer los esfuerzos de otra mucho más fuerte.

De hecho, un muchacho sería capaz de resistir los esfuerzos de un adulto por levantarle si sabe la manera correcta de hacer el truco.

SEXTA PARTE
TRUCOS DE MESA

Algo que es muy apropiado para el principiante es practicar en una mesa después de comer. Esto proporcionará a su actuación un toque de improvisación que convencerá a todos de que sus trucos son consistentes, reales, pues no todos los magos pueden alardear de hacer sus trucos en cualquier sitio. ¿Cuál, pues, podría ser momento más adecuado que un encuentro amistoso? Añade a esto que los artículos que te harán falta podrás tomarlos prestados sin problemas de las personas que te rodeen. Tu reputación «mágica» crecerá a pasos de gigante. En lugar de realizar todos los trucos en una mesa, algunos podrás realizarlos apartándote un poco de tu público. Además, muchos de los trucos ya explicados en las secciones de cartas y monedas podrás aprovecharlos para mostrarlos en estas situaciones.

La caja de cerillas levitante

CÓMO PRESENTAR EL TRUCO

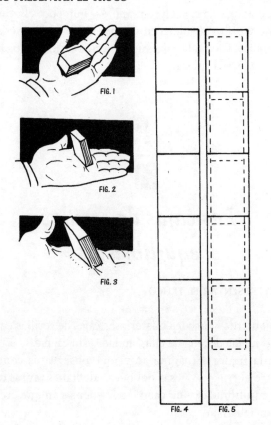

FIG. 1

FIG. 2

FIG. 3

FIG. 4

FIG. 5

PHILIP SIMMONS

Para la realización de este truco, lo mejor será una caja de cerillas vacía. La colocarás sobre la mano izquierda extendida y con el lado rotulado de la caja hacia abajo, tal como se indica en la figura 1.

Entonces, la caja se alzará misteriosamente hasta quedar derecha, en apariencia moviéndose totalmente por su propio impulso (véase la figura 2).

El secreto

Cuando pongas la caja en tu mano, saca un poco el compartimento y pellízcate un trocito de piel entre la caja y el compartimento. Cierra la caja. Inclina un poco los dedos hacia delante y la caja subirá.

Las cajas de cerillas equilibristas

Cómo presentar el truco

A la izquierda, verás las misteriosas cajas de cerillas equilibristas: media docena de ellas, apiladas sin caerse.

En la figura 4 (página anterior), observarás cómo se muestra el truco. A pesar del hecho de haber tantas cajas, están equilibradas y no caen. Todos pensarán que eres un hábil malabarista.

El secreto

Como tantos otros en *El aprendiz de mago*, este truco no ofrece dificultad alguna. La figura 5 revela cómo hacerlo. La caja inferior no tiene compartimento. Empuja el compartimento de cada una de las cajas hacia abajo para que cada uno encaje en la siguiente caja.

De esta forma, cada una de las cajas «encajará» en la superior y tu podrás manipular la torre sin ningún miedo de que se caigan.

La caja de cerillas mecánica

CÓMO PRESENTAR EL TRUCO

Esta es la caja de cerillas que se cierra por sí sola. Primero, la muestras abierta, como en la figura 6.

Entonces dirás «¡ciérrate!», ¡y la caja de cerillas se cerrará sola, como si tuviera vida propia!

El secreto

Todo lo que vas a necesitar es una goma elástica. Rodea con ella los bordes y los extremos de la caja, como se observa en la figura 8.

Abre la caja y presiona el extremo interior firmemente (figura 9) para evitar que la caja se cierre. Cuando digas «¡ciérrate!», deja de presionar y la caja se cerrará.

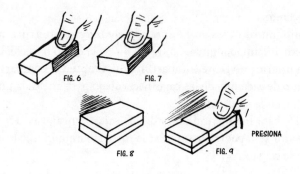

Los sólidos fantasmas

Este truco se acerca a lo increíble. Siempre resulta desconcertante y no es, sin embargo, de difícil ejecución. Todo lo que
necesitarás será el palito de una cerilla y un imperdible. El
palito de la cerilla (sin la cabeza) lo ensartarás en el imperdible según se muestra en la figura A.

Si lo deseas, también podrás hacer el truco con alguna
horquilla u otro instrumento similar y una sección resisten-
te de una espiga.

CÓMO PRESENTAR EL TRUCO

El mago muestra el imperdible y la cerilla como en la figura A.

Cierra el imperdible y presiona la cerilla para que quede contra la barrita del imperdible tal como se muestra en la figura B.

El mago dará un golpe al palito con su dedo y la cerilla se desplazará hacia la derecha a través de la barra del imperdible quedando como se muestra en la figura C. Con ello, el mago habrá conseguido que un objeto sólido atraviese otro sólido. ¡Y a la vista de todo el mundo!

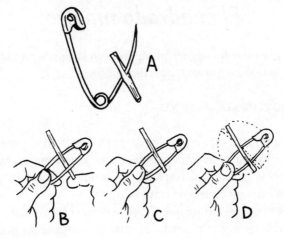

El secreto

Se trata de una ilusión óptica.

Las figuras A, B y C muestran exactamente lo que hace el mago, pero la figura D muestra lo que ocurre realmente. Cuando el mago golpea la cerilla con mucha fuerza, la cerilla regresa a su posición original por el impacto recibido, pero lo hace tan rápidamente que parece atravesar la barra del imperdible. El ojo no puede percibirlo. Cuando le cojas el tranquillo, la ilusión será perfecta.

Puedes forrar la barra del imperdible con un trocito de papel. Entonces, la cerilla ofrecerá la impresión de penetrar también en el papel, subrayando así el efecto. Este truco lo puedes encontrar en tu tienda favorita de magia y se incluye en muchos equipos de magia para principiantes.

El cuadrado mágico

Con el cuadrado mágico que aparece en la página siguiente, podrás realizar varios trucos ingeniosos.

CÓMO PRESENTAR EL TRUCO

Pide a una persona que coloque una moneda en el panel de la ilustración de manera que su centro cubra completamente uno de los números, tapando así, aunque parcialmente en algún caso, no menos de cinco números.

El mago asegurará que él puede decir el total del número cubierto por la moneda. Él mira entonces la moneda y exclama: «¡sesenta y cinco!».

Cuando se retira la moneda y se suman los cuadrados se comprobará que ¡el total del mago es correcto! Si lo deseas, también puedes dejar una cerilla diagonalmente de manera que cubra cinco números en una hilera. El mago podrá decir el total de los números cubiertos.

Otra posibilidad es romper la cerilla de modo que pueda cubrir cuatro, cinco o seis números en una hilera. El mago señalará de inmediato el total de los números cubiertos cuando él mire la cerilla. Las hileras pueden estar en cualquier dirección.

El secreto

Cuando cinco cuadrados se cubran, bien por la moneda (en un grupo) o por la cerilla (en una hilera) sumarán indefectiblemente un total de sesenta y cinco, por eso el mago sabe el número pero no puede repetir el truco. Si se cubren cuatro cuadrados, él restará el cuadrado del extremo de la cerilla de sesenta y cinco y así obtendrá el total. Si se cubren seis cuadrados, el mago deberá advertir el número de un cuadrado que esté a cinco cuadrados de cualquiera de los extremos y sumará el total de ese cuadrado a sesenta y cinco.

24	11	3	20	7	24	11	3	20	7
5	17	9	21	13	5	17	9	21	13
6	23	15	2	10	6	23	15	2	19
12	4	16	8	25	12	4	16	8	25
18	10	22	14	1	18	10	22	14	1
24	11	3	20	7	24	11	3	20	7
5	17	9	21	13	5	17	9	21	13
6	23	15	2	19	6	23	15	2	19
12	4	16	8	25	12	4	16	8	25
18	10	22	14	1	18	10	22	14	1

Prisionero en fuga

Se deberán disponer veinticuatro palillos de dientes según el esquema que se muestra en la figura 1.

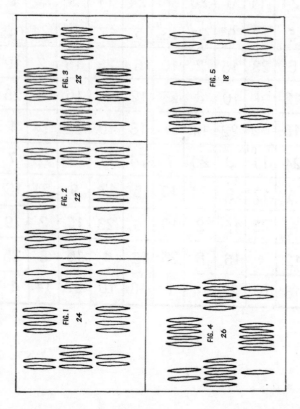

«En una prisión —dice el mago—, había veinticuatro prisioneros. Había también cuatro pasillos con un patio central. Cada noche, cuatro centinelas se apostaban en los extremos de los pasillos y cada uno de ellos contaba ocho prisioneros en su pasillo correspondiente.»

El mago mostrará que cada lado del cuadrado central tiene ocho palillos.

«Una noche se escaparon dos de los prisioneros y sus compañeros se dispusieron de manera que su ausencia no fuera advertida y cada centinela pudiera contar todavía ocho hombres en cada pasillo».

Se retiran dos palillos y los veintidós restantes se disponen como se muestra en la figura 2, quedando ocho palillos en cada lado del cuadrado.

«La noche siguiente —continúa el mago—, los dos prófugos son obligados a regresar junto con otros cuatro que habían escapado de otra prisión. De nuevo se disponen los prisioneros para que queden ocho en cada pasillo.»

Los palillos se arreglan como se muestra en la figura 4, siendo usados —como se ve— veintiséis palillos.

«Así pues, los cuatro recién llegados y los cuatro compañeros siguieron su ejemplo. Quedaron ocho, pero los dieciocho restantes todavía guardaron los cuatro pasillos con ocho hombres en cada uno.»

Se disponen los dieciocho palillos como se muestra en la figura 5.

El azúcar que flota en el café

CÓMO PRESENTAR EL TRUCO

Otro fenómeno para provocar la perplejidad de todos los presentes: un terrón de azúcar que flota en una taza de café.

Simplemente, echa el terrón en la taza de café y ¡flotará!

El secreto

Se necesitan dos terrones de azúcar. Primero coloca uno en la taza con cuidado para que se quede derecho sobre el fondo. No podrá ser visto si hay crema y leche en el café. Apoya el segundo terrón en el que ya está sumergido en la taza y comprobarás cómo «flota».

APOYADO EN
EL FONDO

La metamorfosis de la naranja

CÓMO PRESENTAR EL TRUCO

Muestra una naranja y colócala en un sombrero. Cuando la vuelvas a sacar, ¡aparecerá una manzana!

El secreto

La «naranja», en realidad, es una manzana cubierta con pieles de manzana. ¡Así de simple! Quítalas y se convertirá en una manzana. Usa una bolsa de papel y después de proceder a la «metamorfosis», arrúgalo y arrójalo lejos como si no hubiera nada en él.

El huevo giratorio

CÓMO PRESENTAR EL TRUCO

Necesitarás varios huevos en un cuenco. Pregunta a tus espectadores si hay alguien capaz de hacer girar un huevo como si se tratar de una peonza. Todos probarán suerte pero sin éxito. Excepto tú, naturalmente.

HUEVO QUE HA HERVIDO
HASTA CONVERTIRSE
EN DURO

El secreto

¿Por qué? Porque uno de los huevos del plato era un huevo duro. Y ése será el que tú cojas. Los demás no darán vueltas, pero el tuyo sí.

No trates de hacer este truco cerca de alguien con un traje o un vestido nuevos. Podrías organizar un bonito desastre.

La servilleta irrompible

CÓMO PRESENTAR EL TRUCO

Retuerce una servilleta de papel hasta dejarla como una soga.
Pide a alguien que trate de romperla tirando de los extremos.
No lo conseguirá pues observará que la soga ofrece mucha
resistencia. Sin embargo, tú podrás romperla muy fácilmente.

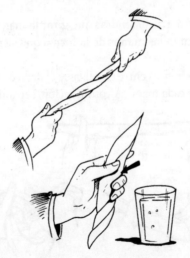

El secreto

Aquí está el truco. Humedece tus dedos en un vaso de agua
para que así puedas mojar el centro de la servilleta. De este
modo, la podrás romper con facilidad.

Un nudo rápido

Cómo presentar el truco

Sujeta un pañuelo exactamente de la misma manera que se muestra en la figura 1. Cuando juntes tus manos y las separes, el pañuelo quedará atado.

El secreto

Para realizar este truco, tendrás que girar la mano izquierda para que se junten las manos de la forma que se muestra en la figura 2.

Toma los extremos entre el pulgar y el dedo corazón (no el dedo índice) de cada mano. A continuación, sepáralas.

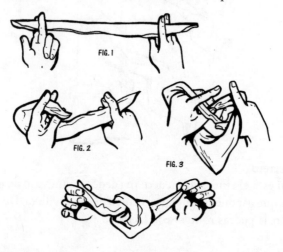

FIG. 1

FIG. 2

FIG. 3

Manzana o naranja

CÓMO PRESENTAR EL TRUCO

Pide a una persona que sostenga una naranja en una mano y una manzana en la otra. Cuando te des la vuelta, la persona levantará una de las dos frutas sobre su cabeza.

A continuación, juntará sus manos. Cuando te gires y observes la manzana y la naranja, tú adivinarás la fruta que alzó.

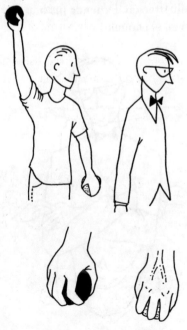

El secreto
Las manos te lo confesarán. La mano que se alzó será más blanca que la otra y las venas serán más pequeñas, debido al flujo de la sangre hacia abajo al alzar la mano. (Véase la ilustración.)

El pañuelo que se anuda solo

Dobla tus brazos y sujeta los extremos de un pañuelo como se indica en la ilustración. Extiende tus brazos y habrá aparecido un nudo en el pañuelo.

Dos pañuelos atados

CÓMO PRESENTAR EL TRUCO

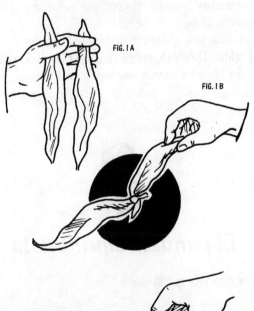

FIG. 1 A

FIG. 1 B

FIG. 2

DESLIZA LA
GOMA SOBRE
LOS EXTREMOS

Comenzarás este truco pidiendo prestados dos pañuelos que sujetarás el uno junto al otro tal como se muestra en la primera ilustración. Todos podrán ver que están separados.

Sin embargo, cuando los lances al aire, los pañuelos caerán atados el uno al otro.

El truco es casi instantáneo. Simplemente los arrojarás y capturarás al vuelo uno de ellos y mostrarán que están atados.

El secreto
El truco es muy sencillo, sin embargo el nudo no es nudo propiamente dicho.

Tú tendrás una goma elástica sobre los dedos y el pulgar de una mano. Deslízalo sobre las esquinas de los pañuelos cuando los lances y caerán aparentemente atados. (Véase la figura 2.)

El pañuelo equilibrista

CÓMO PRESENTAR EL TRUCO

El pañuelo se retorcerá por las esquinas opuestas y se mantendrá derecho sobre un dedo (véanse las figuras 1 y 2).

El secreto
Cuando retuerzas el pañuelo, coloca un limpiapipas blanco (o algún otro utensilio similar) en su interior. Esto hará que

el pañuelo se mantenga derecho. Al final, podrás arrugar el pañuelo y guardarlo en el bolsillo.

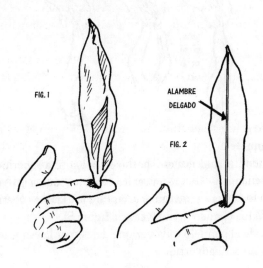

FIG. I

ALAMBRE
DELGADO

FIG. 2

Un nudo con una simple sacudida

En este truco deberás doblar un pañuelo por una esquina, con la esquina opuesta colgando (figura 3).

Levantarás la esquina inferior y la dejarás caer dos y tres veces. Finalmente y por arte de magia, un nudo aparecerá allí.

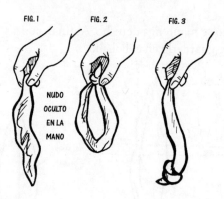

El secreto

En realidad, el nudo ya está hecho en la esquina superior que tienes en la mano. La tercera vez, tú coges la esquina inferior, la mantienes sujeta en la mano y dejas caer la esquina superior, la que ya tenía el nudo hecho (véase la figura 5).

Sacude el pañuelo cada vez que dejes caer la esquina y el cambio no será advertido.

El soplido que atraviesa la botella

CÓMO PRESENTAR EL TRUCO

Coloca una vela detrás de una botella y sopla hacia la botella. La vela se apagará.

El secreto

Las corrientes de aire pasan alrededor de la botella pero da la impresión que el soplido ha atravesado la botella. Ten cuidado cuando uses el fuego y cuenta siempre con un adulto que te ayude.

El agua que no moja

CÓMO PRESENTAR EL TRUCO

¿Cómo puedes demostrar que el agua no está mojada?

Primero, muestras un cuenco lleno de agua. A continuación introducirás tu mano en el agua.

Cuando saques tu mano del cuenco estará tan seca como al principio. No tendrás ¡ni una gota de agua en ella!

El secreto

Obviamente, el agua no está seca, aunque tú la hagas aparecer como tal. Antes de hacer el truco frótate la mano con polvos de talco o mejor aún: polvo de estearato de cinc. Lo podrás conseguir en cualquier droguería.

Frótate bien la mano con el polvo y cuando la metas en el agua la sacarás ¡completamente seca!

SÉPTIMA PARTE
TRUCOS CON CUERDA

Todo lo que necesitarás para realizar estos trucos será unos metros de cuerda o soga ligera y algunos anillos o arandelas metálicas. En la mayoría de los casos, se trata de trucos en los que aparecen o desaparecen nudos de forma increíble. De nuevo en esta sección, los procedimientos son bastante sencillos. De hecho, los trucos han sido seleccionados según este propósito. No obstante, cuanto más practiques los trucos con cuerda aún te resultarán más fáciles y conseguirás que sean más deslumbrantes, siendo, de esta manera, ideales para el aprendiz de mago.

Los dedos y la lazada

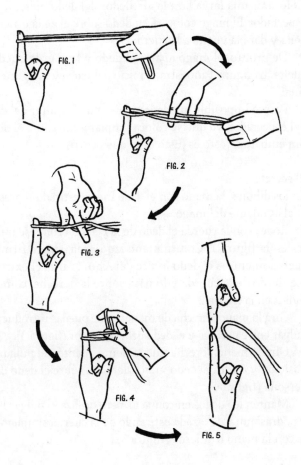

FIG. 1

FIG. 2

FIG. 3

FIG. 4

FIG. 5

Este es un truco que se basa en un viejo principio. De hecho existen bastantes trucos similares pero ninguno de ellos es tan efectivo como éste. Es rápido, limpio y sorprendente, y no es fácil de copiar.

CÓMO PRESENTAR EL TRUCO

Colocarás una larga lazada alrededor del dedo índice de un espectador. El mago colocará su dedo sobre el de la otra persona y dará la vuelta a la cuerda.

De pronto, el mago aparta el dedo y la cuerda quedará suelta. La figura 1 muestra el inicio del truco y la figura 5 el final.

Parece imposible que la lazada se pueda quitar del dedo del espectador, ya que se coloca limpiamente sobre el dedo. Sin embargo, ¡esto es justo es lo que ocurre!

El secreto

En los dibujos, la mano con el dedo índice estirado representa al ayudante del mago.

Rodea con la cuerda el dedo de la persona como se muestra en la figura 1. Con tu mano izquierda, sujeta firme la cuerda mientras el dedo índice derecho levanta el extremo izquierdo de la cuerda y lo pasa sobre la derecha, como se indica en la figura 2.

Gira la mano derecha de manera que puedas introducir el pulgar entre el cruce y el dedo del espectador (figura 3).

Gira la mano derecha nuevamente, mantén el pulgar en posición y coloca el dedo índice derecho sobre el dedo de la persona (figura 4).

Mantén los dedos en contacto, pero desliza el pulgar libre y podrás quitar la lazada estirando de la cuerda simplemente con la mano izquierda (figura 5).

Ahora sí, ahora no

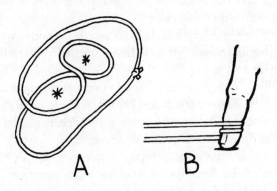

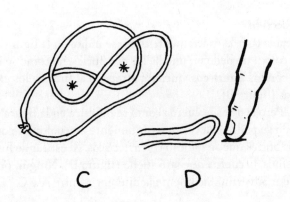

Aquí tienes otro truco con un trozo de cuerda que es, en realidad, una mejora de un famoso timo inglés de las carreras de caballos, llamado «pica la liga».

Funciona bien en combinación con «Los dedos y la lazada».

CÓMO PRESENTAR EL TRUCO

Deja un trozo de cuerda sobre la mesa de manera que forme un ocho o un doble bucle.

El mago colocará su dedo en uno de los bucles y tirará de ambos extremos. Su dedo habrá quedado atrapado por la lazada.

Deja que prueben a hacerlo otras personas. Sus dedos quedan siempre atrapados. Esto es bastante natural, pues al presionar el dedo contra la mesa, éste deberá quedar atrapado al tirar de los extremos de la cuerda.

Finalmente, el mago forma de nuevo la lazada y coloca su dedo en ella. Pero esta vez, al estirar de los extremos, ¡la cuerda queda libre sin atrapar el dedo!

De esta manera, mientras el dedo del espectador siempre queda atrapado en la cuerda, el dedo del mago siempre queda libre a menos que él quiera lo contrario.

El secreto

Deja la cuerda exactamente como se indica en la figura A. Si se coloca un dedo en uno de los dos bucles, tal como se indica con los asteriscos, quedará atrapado al tirar de los extremos (figura B).

Pero si dejas la cuerda como se muestra en la figura C, el dedo se podrá colocar indistintamente en cualquiera de los dos bucles que se indican con asteriscos. Al estirar de los extremos, la cuerda quedará suelta (figura D). Ningún observador advertirá fácilmente la diferencia entre A y C.

El anillo al dedo

Este es un truco que el mago realiza fuera de la vista del público (detrás de una pantalla o en un armario). Es un truco de supuesto poder mental y resulta imprescindible que no se descubra la treta de la que se valdrá el mago para realizarlo.

Como ocurre con todos los buenos trucos, el secreto es muy simple. Por esta razón, el mago deberá además poner su empeño en crear una atmósfera misteriosa.

FIG. 1

FIG. 2

Cómo presentar el truco

El mago coloca las manos a la espalda, tal como se muestra en la figura 1. Sus manos están atadas y para él resulta imposible liberarlas.

Un anillo prestado se colocará en la boca del mago. El público seleccionará su pulgar o su dedo índice de una de sus dos manos y él se apartará de la vista del público durante unos instantes.

Cuando vuelve a aparecer, ¡el anillo prestado estará en el índice o el pulgar que el público había determinado!

El secreto

Las manos están atadas y el anillo en la boca del mago tal como se muestra en las figuras 1 y 2.

Cuando el mago esté fuera de la vista del público, el mago forzará sus brazos hacia la izquierda hasta que su palma derecha esté en la posición apropiada que le permita girar la cabeza hacia la izquierda y dejar caer el anillo en la mano derecha. Así, el mago podrá colocar fácilmente el anillo en el dedo escogido.

Si el mago se sienta en la silla, podrá hacer el truco de forma ligeramente diferente. Podrá dejar caer el anillo en la silla y recogerlo con las manos.

Este truco exige gran práctica para hacerlo rápidamente. Simplemente, continúa practicando hasta que te hagas con él. Ten cuidado siempre cuando te pongas objetos en tu boca.

El doble bucle

Éste es un truco rápido, sorprendente y muy eficaz, para el que necesitarás un gran bucle de cuerda.

CÓMO PRESENTAR EL TRUCO

El mago cogerá un gran bucle de cuerda y rodeará con él su cabeza haciendo un giro como se indica en la figura A.

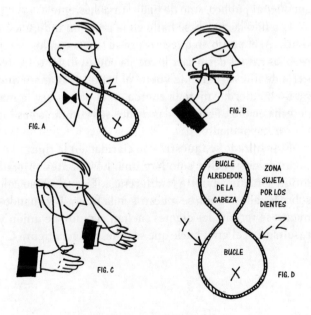

FIG. A

FIG. B

FIG. C

BUCLE
ALREDEDOR
DE LA
CABEZA

ZONA
SUJETA
POR LOS
DIENTES

Y

Z

BUCLE

X

FIG. D

El mago sujetará entre sus dientes el punto en el que se cruza la cuerda y pondrá el bucle X detrás de su cabeza, de modo que su cabeza quede rodeada doblemente, como se muestra en la figura B.

Colocará un pulgar en cada lado de su cabeza, en el interior del bucle X. También se muestra esto en la figura B.

De repente, el mago abrirá su boca y extenderá sus manos hacia delante. Los bucles, en lugar de permanecer como en la figura B, se habrán transformado en un solo y gran bucle con un pulgar dentro en cada extremo (véase figura C).

El secreto

Si te remites a los dibujos entenderás muy fácilmente el truco.

El bucle X no se desliza por la cabeza como se le hace suponer al público, sino de una forma diferente.

Cuando la cuerda se halle en la posición indicada en la figura A, el punto en que se cruza se sujeta con los dientes, pero las manos dejan caer la cuerda por un instante. Al recogerla de nuevo, darán la vuelta al bucle, de manera que la mano izquierda sujete la cuerda en el punto Y y la mano derecha en el Z. Entonces las manos se retirarán a sus lugares correspondientes.

El resultado se muestra con claridad en la figura D. En lugar de dos bucles, sólo hay una. Los dientes sujetan la unión y nadie advierte la diferencia. El bucle X se coloca sobre la cabeza como se muestra en la figura B y cuando las manos se retiran, los dientes sueltan el punto de unión y el resultado es el gran bucle que se muestra en la figura C.

Los nudos evanescentes

Existen muchos trucos de nudos y algunos de ellos son endiabladamente complicados, pero este que te vamos a explicar es tan sencillo de realizar que apenas te costará aprenderlo. Además, se hace con tal limpieza que nadie sospechará la artimaña.

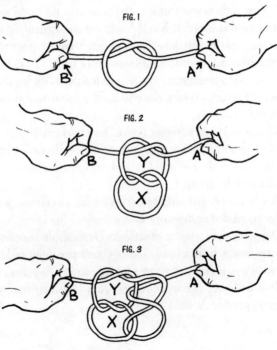

FIG. 1

FIG. 2

FIG. 3

CÓMO PRESENTAR EL TRUCO

El mago tomará un trozo de cuerda y con ella hará tres nudos sencillos uno por uno. Estirará de los extremos de la cuerda, los nudos se amarrarán juntos y ¡de repente, se desharán! ¡No quedará ni un solo nudo!

El secreto

Lo primero que debes hacer es un nudo sencillo como se indica en la figura 1 de la página anterior.

Advierte que el extremo A está más próximo al mago, que se encuentra enfrente del nudo. Se trata de un nudo sencillo hecho con facilidad.

La segunda operación consistirá en atar un nudo similar, formando dos lazadas: X e Y. Vuélvete a asegurar de que el extremo de la mano derecha es el que tienes enfrente de ti directamente tal como se ilustra en la figura 2. Esto debe hacerse cuidadosamente siguiendo los pasos de las ilustraciones. El resultado será el nudo cuadrado normal mostrado en la figura 2.

El truco está en el tercer nudo. Desliza el extremo A a través de X desde el frente y de nuevo llévalo alrededor hacia el frente a través de Y y cógelo por detrás. Esto se muestra claramente en la figura 3.

Y ahora, sencillamente estira de los extremos y verás como los nudos se desvanecen.

Aprende este truco y practícalo. Después de hacerlo unas cuantas veces, nunca lo olvidarás y siempre dejarás desconcertados a aquellas personas a las que se lo muestres.

Podrás hacer el truco con una cuerda, un cinturón o un pañuelo grande de seda.

Los tres nudos sencillos

Cuando se hacen trucos con nudos, es especialmente importante no repetirlos con demasiada frecuencia. Las personas familiarizadas con nudos pueden pillar al vuelo algunos trucos y ser capaces de repetirlos después de verlos.

Por esta razón, el siguiente truco puede acompañar muy bien al anterior. En ambos casos desaparecen tres nudos, pero los métodos de hacerlo y el conjunto del proceso son totalmente diferentes.

CÓMO PRESENTAR TRUCOS

El mago hace tres nudos sencillos en un trozo de cuerda uno junto al otro como se muestra en la figura A de la página siguiente. Recogerá los nudos y tirará de los extremos de la cuerda. ¡Los nudos han desaparecido! (véase figura D).

El secreto

Podrás aprender todo el truco si pones atención en los dibujos. Todos los nudos son nudos sencillos atados por separado. Aparecen marcados con las letras X, Y y Z en la figura A. Advierte que el extremo A sale por delante del nudo y el extremo B sale por detrás.

Sujeta la primera lazada poniéndola alrededor de los dedos de tu mano izquierda. Haz lo mismo con los nudos Y y Z pero no dejes que los extremos se enreden (véase la figura B).

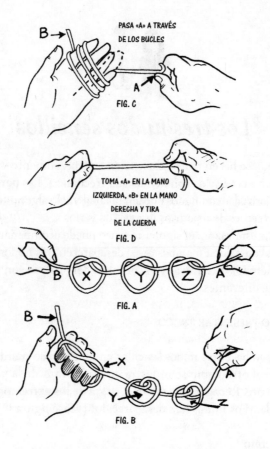

Pon cada extremo sobre las puntas de los dedos hasta que tengan la disposición que se ilustra en la figura C.

Y aquí llega el truco. Coge el extremo A en tu mano derecha y deslízalo con disimulo por debajo de los bucles siguiendo el trazo de la línea discontinua que se indica en la figura C. Lo conseguirás con facilidad si lo haces con rapidez.

Todo lo que resta es tirar de los extremos de la cuerda y ¡los nudos habrán desaparecido! (véase la figura D).

El truco del lápiz y el ojal

El truco de «El lápiz y el ojal» siempre da unos resultados brillantes. Son muchos los que lo han presenciado pero pocos los que lo recuerdan incluso después de haberles sido explicado.

A continuación se explica el método correcto con todos los detalles.

CÓMO PRESENTAR EL TRUCO

El mago tiene un lápiz con un trozo de cuerda en forma de lazada que hace pasar a través de un agujero hecho en uno de los extremos. El tamaño de la lazada es mucho menor que el del lápiz (véase la figura A).

El prestidigitador se dirige a una persona del público e instantáneamente le ata el lápiz haciendo pasar la lazada por el ojal, de la forma en que se muestra en la figura B.

Esto parece imposible. Nadie puede sacar el lápiz sin cortar la cuerda.

Pero el mago viene en su salvación. Y en un abrir y cerrar de ojos saca el lápiz del ojal, algo que nadie había conseguido antes.

El secreto
Si la lazada se hace pasar por el ojal al principio, el lápiz no se podrá deslizar a través de la lazada. Es aquí donde todo el mundo fracasa para conseguir llevar a cabo el truco.

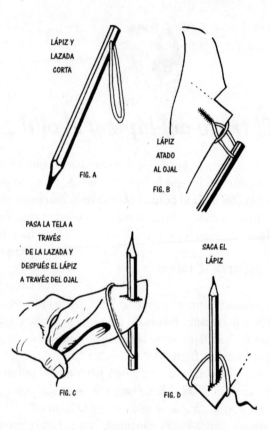

En la figura C se explica la única manera de hacerlo. El mago extiende la lazada sobre el ojal y hace pasar el ojal y la tela que lo rodea por la lazada. Esto hace que la lazada sea más larga momentáneamente debido a la tela añadida. Entonces al lápiz se le hará pasar a través del ojal y quedará atado a él como se muestra en la figura B. Para deshacer el lazo y quitar el lápiz, deberás hacer la operación inversa. El ojal y la tela se pasarán a través de la lazada y el lápiz lo pasarás hacia atrás a través del ojal como se muestra en la figura D.

Existen versiones comercializadas de este truco disponibles en tu tienda de magia favorita.

Los anillos fantasmas

Podrás realizar este truco con anillos, arandelas o monedas chinas. Si usas anillos, puedes pedirlos prestados a tu público.

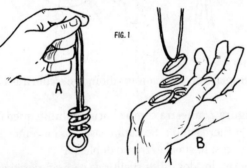

CÓMO PRESENTAR EL TRUCO

Ensarta un anillo en un trozo de cuerda doble. Deja caer otros anillos por la cuerda de modo que el primer anillo les impida que caigan.

El mago tomará los anillos entre sus manos y éstos quedarán liberados de la cuerda, a pesar de que un espectador estará sujetando los extremos de la cuerda.

El proceso del truco aparece descrito en las ilustraciones.

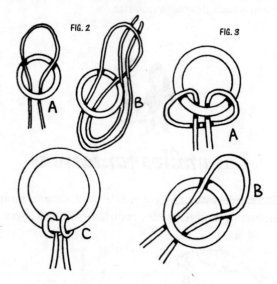

El secreto

Si contemplas con atención los dibujos descubrirás el secreto.

La figura 2 muestra cómo el primer anillo queda ensartado en la cuerda doble. Se harán pasar los extremos a través del anillo, casi hasta el extremo doble. (A)

Entonces, los dos cabos sueltos se pasarán por el extremo doble. (B) Se tirará de los dos extremos y, así, el anillo quedará atado a la cuerda (C). A continuación, se ensartan los demás anillos en la cuerda.

Todo parece limpio, pero no lo es.

Para soltar los anillos, sigue las indicaciones de la figura 3.

Desliza la lazada entera alrededor del anillo. (A)

El nudo quedará deshecho y podrás liberar el anillo del nudo. (B)

El primer anillo caerá y el resto tras él. Es recomendable hacer esta maniobra con rapidez.

Los pulgares atados

Éste es un truco muy efectivo para el que no necesitarás otra cosa que un trozo grueso de cuerda. Es conocido como «Los pulgares atados» y el método que se explica a continuación podrás aprenderlo con mucha rapidez.

CÓMO PRESENTAR EL TRUCO

Los pulgares del mago se atan con un trozo de cuerda. Se ofrecerá a un voluntario que tire de la cuerda con fuerza y todos tendrán la impresión de que el mago no podrá separar de ninguna manera los dos dedos.

Sin embargo el mago desliza su chaqueta sobre sus manos y se la quita. ¡Pero sus pulgares continúan atados!

El mago se da la vuelta por un momento y cuando muestra sus manos resulta que han quedado atrapadas en el brazo de una silla. ¡Pero sus pulgares continúan atados todavía sin haber cortado la cuerda!

El secreto

Primeramente, se sujeta la cuerda bajo los pulgares como se indica en la figura 1. A continuación se juntan las manos para que los espectadores vean los dedos tal como aparecen en la figura 2.

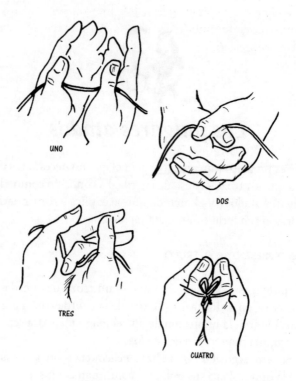

UNO

DOS

TRES

CUATRO

Pero al juntar las manos, el mago insertará dentro un dedo —el dedo corazón de su mano derecha— y con él hará presión en el centro de la cuerda (véase figura 3).

Ni el más fino observador se percatará de la falta de un dedo al juntar las manos. Desde arriba, los pulgares esconden el hueco que deja el dedo y se podrán atar con fuerza, tal como se ilustra en la figura 4.

Para el mago, resultará tarea fácil separar los pulgares quitando su dedo del lazo. Esto destensará suficientemente el lazo para poder liberar fácilmente uno de los pulgares. Al volver a poner el pulgar en el lazo, haremos la operación inversa introduciendo también el dedo corazón para tensar la cuerda con su presión.

OCTAVA PARTE
MISTERIOS DE LA MENTE

Este tipo de trucos se han popularizado tanto en los últimos años que a muchos de quienes los presencian les cuesta incluso creer que detrás de ellos se escondan trucos y artimañas varias. Les resulta, de hecho, más fácil atribuir la explicación a fenómenos de percepción extrasensorial. Esto favorece al principiante ya que nadie espera ser camelado con una burda treta. Introduce algunos ejemplos de estos «prodigios mentales» en tu exhibición y tendrás a todo el mundo hablando con asombro de lo que han sido testigos. Y, sin embargo, la mayoría de estos supuestos misterios son enormemente sencillos y, por tanto, particularmente adecuados para todo aquel que quiere iniciarse en el arte y espectáculo de la magia.

OCTAVA PARTE
MISTERIOS DE LA MENTE

El nombre elegido

Los falsos videntes disponen de numerosos medios a su alcance para descubrir un nombre elegido, que ha sido escrito junto a otros. Ellos usan métodos similares al que se explica a continuación, pero en este caso puede ser empleado por cualquiera como un truco más.

CÓMO PREPARAR EL TRUCO

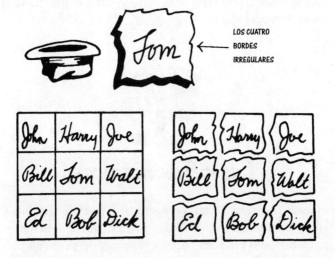

LOS CUATRO
BORDES
IRREGULARES

Entrega a alguien un trozo de papel que, previamente, habrás doblado en nueve secciones. Pídele que seleccione un nombre y lo escriba en el centro. A continuación, pídele que escriba otros nombres en cada una de las secciones restantes. Después romperá el papel por los dobleces, de manera que queden nueve papelitos que se depositarán en un sombrero.

Ahora todos estarán de acuerdo con que dispones de una probabilidad entre nueve de descubrir el papelito con el primer nombre elegido. Por eso, cuando metas la mano en el sombrero y saques el nombre en cuestión, dejarás a todos desconcertados.

El secreto
Podrás hacer este truco sin ningún problema. La hoja de papel que llevabas tenía los bordes cortados limpiamente. Al romper la hoja por los dobleces, los bordes tendrán un corte irregular. Así pues, el único trocito de papel que tendrá los cuatro lados irregulares será el del centro, el que tiene el nombre seleccionado.

Las cifras mágicas

El mago cogerá una pizarra pequeña o un trozo de cartulina y anotará el número 142.857. Pedirá a alguien que diga un número entre el uno y el ocho. Supón que se trata del siete. A la persona se le pedirá que multiplique el número grande de la pizarra por siete. El resultado es 999.999. El mago dará la vuelta a la pizarra y el número aparecerá escrito en el reverso.

El mago lo había apuntado allí de antemano. Como la mayor parte de la gente dirá «siete» cuando le pidas que diga un número entre el uno y el ocho, el truco «se hace solo».

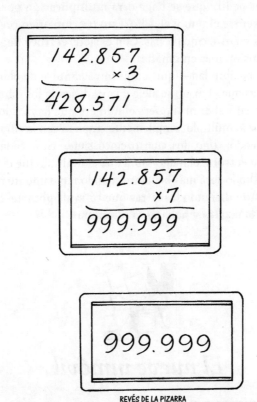

REVÉS DE LA PIZARRA

El secreto

Sin embargo, no siempre todo el mundo elegirá el siete. ¿Qué es lo que ocurre entonces? Sencillo. Cuando se seleccione otro número, se hará la multiplicación y el mago hará notar a todos un hecho «prodigioso»: las cifras que componen el número son las mismas.

Por ejemplo, si multiplicamos 142.857 por tres, el resultado es 428.571. En este caso, el mago tachará cada cifra, probando que no hay otras cifras que en el número original y entonces pedirá que se haga otra multiplicación por otro número entre el uno y el ocho. Esto funciona siempre, con dos, tres, cuatro, cinco o seis. Con el siete, el truco llegará a su conclusión más enigmática.

Otra posibilidad —quizá más impactante— de plantear el truco es que el mago se aleje y vaya diciendo los números del total, sin saber ni siquiera el número que haya sido utilizado como múltiplo. Simplemente empieza con la cifra más baja diciendo: «uno, dos, cuatro, cinco, siete, ocho». Si la persona dice «error», el mago sabrá que el múltiplo fue el siete y el resultado será más brillante cuando rápidamente replique: «estoy diciendo las cifras que tú multiplicaste. Da la vuelta a la pizarra y hallarás la respuesta».

El nueve inmóvil

CÓMO PRESENTAR EL TRUCO

Pídele a alguien que escriba un número de tres cifras con números que no se repitan y que lo escriba también al revés, y que sustraiga la cifra mayor de la menor.

Cuando acabe, le dices que la cifra central es el número nueve.

$$\begin{array}{r} 583 \\ -385 \\ \hline 198 \end{array} \qquad \begin{array}{r} 421 \\ -124 \\ \hline 297 \end{array} \qquad \begin{array}{r} 615 \\ -516 \\ \hline 099 \end{array} \qquad \textbf{`9'}$$

El secreto

Será correcto porque siempre será nueve, sin importar las cifras que se utilicen.

La multiplicación misteriosa

CÓMO PRESENTAR EL TRUCO

Escribe el número 12345679.

Pídele a una persona que diga cuál es su número favorito. Supongamos que dice «cinco».

Le dices que multiplique su número por 45. Para su sorpresa, el resultado es una fila de cincos. (véase la figura).

El secreto

La razón por la cual funciona es porque 45 es 5 veces 9. Si el número favorito es el 1, dile que multiplique por 9; si es el 2, hazle multiplicar por 18; para el 3, por 27; para el 4, por 36; para el 6, por 54; para el 7, por 63; para el 8 por 72; para 9, por 81.

Observa, además, que el número 8 no está en tu cifra mágica 12345679. No funcionará si está el 8. Hay mucha gente que trata de hacer el truco y generalmente utilizan el 8. No les saldrá. Misterios de la magia matemática...

$$12345679 \times 45$$
$$\begin{array}{r} 61728395 \\ 49382716 \\ \hline 555555555 \end{array}$$

¿Qué hora es?

CÓMO PRESENTAR EL TRUCO

Alguien marcará en un reloj la hora que quiera, con tal de que el minutero señale un número y la aguja horaria otro. Entonces se pondrá boca abajo el reloj sobre una mesa.

Esto se hará mientras el mago está ausente. Cuando entre en la sala, el mago pondrá los dedos sobre el reverso del reloj y tras unos instantes de intensa concentración mental, el mago pronunciará los números a los que apunta cada manecilla.

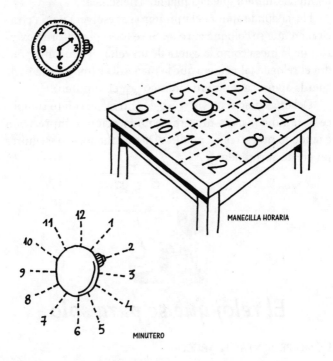

MANECILLA HORARIA

MINUTERO

El secreto

El mago hace esto sin mirar a ninguno de los asistentes al experimento. Sin embargo, el mago cuenta con un cómplice entre el público, y éste le permitirá decir la hora sin que medie ninguna señal visible o palabra hablada.

El mismo reloj es el que comunica la preciosa información. El cómplice tomará el reloj por propia decisión para depositarlo sobre la mesa. Otra posibilidad es que haya sido designado casualmente para llevar a cabo tal cometido. La mesa estará dividida en doce cuadrados imaginarios y el secreto ayudante dejará el reloj en el cuadrado correspondiente al número que la aguja horaria señale.

Hacia dónde apunta el minutero se resolverá por la posición en que se coloque el reloj. Si se toma el contorno exterior de la mesa como la esfera de un reloj, el ayudante pondrá el reloj de tal manera que la manecilla exterior para darle cuerda apunte al número indicado por el minutero.

Deberías practicar este truco de antemano con tu cómplice para no dar pie a ninguna equivocación o imprecisión cuando lo muestres en público. De esta manera conseguirás un efecto sorprendente.

El reloj que se para solo

CÓMO PRESENTAR EL TRUCO

Utiliza un reloj analógico barato para este truco. Cuando pones el reloj sobre la mesa, deja de funcionar.

Todo el mundo puede oír su tic-tac hasta que lo dejas sobre la mesa.

El secreto
Se puede utilizar cualquier reloj. Si debajo del mantel escondes un imán, en cuanto coloques el reloj sobre él, se parará.

Nunca hagas este truco con un reloj valioso porque corres el riesgo de que nunca más funcione bien.

El misterio del libro

Para este truco se utiliza un libro pequeño. Lo mejor es disponer de un pequeño diccionario, ya que se puede llevar en el bolsillo y utilizar siempre que se requiera.

CÓMO PRESENTAR EL TRUCO

El prestidigitador declara que tiene un magnífico sentido de la percepción. Muestra el libro, se lo da a un espectador y le dice que nombre un número entre uno y ciento cincuenta. A continuación le pide a otra persona que nombre otro número entre uno y cien. Supongamos que los números elegidos hayan sido noventa y cuatro y veintisiete (94 y 27).

El mago pide a la primera persona que busque la página noventa y cuatro y que cuente veintisiete palabras empezando por la primera palabra que aparezca. El prestidigitador espera fuera de la habitación mientras dura el proceso.

Al volver, invita al público a pensar en la palabra, que supongamos es «postura». Después de un momento de concentración, el mago de pronto pronuncia la palabra.

El secreto

El secreto de este truco es considerablemente sencillo. El mago tiene dos libros en su bolsillo exactamente iguales. Pero sólo entrega uno al espectador. Cuando sale de la sala, coge el diccionario de su bolsillo y observa la palabra y página que han sido seleccionadas. De esta sencilla manera, cuando regresa a la sala ya sabe cuál es esa palabra.

A pesar de que este truco es muy fácil, produce una sensación verdaderamente intrigante cuando se presenta como el resultado de poderes mentales. Se puede conseguir más efectividad haciendo que un cómplice se halle fuera de la sala con el segundo diccionario. Así, al escuchar los números elegidos, el ayudante ya puede ir buscando la página y la palabra mientras el mago da instrucciones al espectador de lo que tiene que hacer. El ayudante anota la palabra en un trozo de papel que entrega al mago o se la dice directamente.

La prueba del color

CÓMO PRESENTAR EL TRUCO

Para este experimento de simulada telepatía se utilizan varias madejas de lana. Cada madeja es de un color diferente. Por lo demás, son exactamente iguales.

El prestidigitador coloca sus manos a su espalda y alguien le hace entrega de una de las madejas; el resto se esconden.

Sin dejar de tener las manos en la espalda, el mago mira a los espectadores durante un momento. Luego les ofrece la espalda de nuevo de manera que pueden ver la lana en su mano. Al instante, el mago dice el color de la madeja.

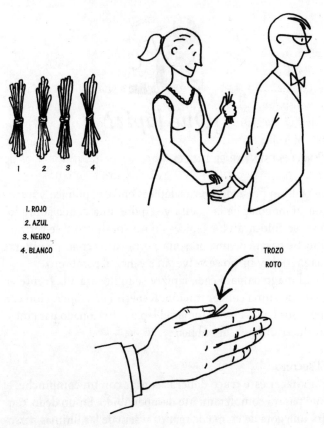

1. ROJO
2. AZUL
3. NEGRO
4. BLANCO

TROZO
ROTO

El secreto
Este truco tiene dos pasos. Primero, cuando el mago está de cara al público, parte un trozo del hilo de la madeja que sos-

tiene detrás de su espalda. Cuando se de la vuelta de nuevo, todavía muestra el hilo detrás de él. Pero él retiene el trocito en su otra mano y alza esa mano hasta su frente. Esto le permitirá ver el color del trocito de lana.

¿Qué lápiz?

CÓMO PRESENTAR EL TRUCO

Se pedirán prestados varios lápices entre el público y mientras el mago se da la vuelta y se pone una venda sobre los ojos, se colocarán los lápices en un sombrero y se retirará uno. Se pasará de una persona a otra para «crear una fuerza magnética» y luego se volverán a echar al sombrero.

El mago palpará cada lápiz y se lo llevará a la frente en gesto de suma concentración. Repetirá esta operación con todos los lápices hasta tomar el lápiz seleccionado para mostrarlo, triunfante, al público.

El secreto

Para hacer este truco deberás contar con un compinche, el cual pasará completamente desapercibido. En un dedo, tendrá una gota de crema de manos y será de las últimas personas que manipulen el lápiz. Cuando coja el lápiz con sus manos, él aplicará la crema en el lápiz, pero será una cantidad tan pequeña que nadie lo advertirá.

Cuando tú cojas los lápices y los acerques a tu frente, desliza tus manos desde el centro a los extremos. Cuando tus dedos toquen la crema, tú te darás cuenta enseguida y sabrás que estás tocando el lápiz en cuestión. Frótalo con las manos y la presencia de la crema nunca será descubierta en el caso de que alguien quiera examinar el lápiz.

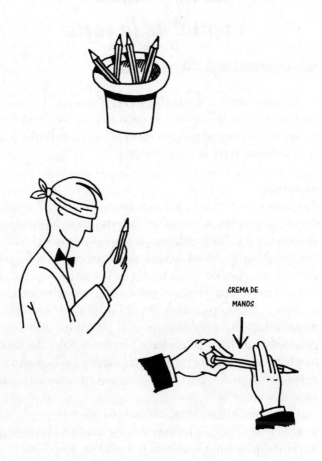

CREMA DE MANOS

La adivinación mental de la carta

CÓMO PRESENTAR EL TRUCO

Se elegirá una carta de una baraja en ausencia del mago, se barajarán todas las cartas y se dejará el mazo encima de la mesa. A su vuelta, el mago tomará la baraja, examinará las cartas y encontrará la carta escogida.

El secreto

También en este truco necesitarás un cómplice, Como los demás, él también sabrá cuál es la carta que se ha escogido. El cómplice dividirá mentalmente la mesa en quince cuadrados imaginarios, con los valores que se indican en la ilustración. El cómplice dejará la baraja en la posición apropiada sobre la mesa para señalar el valor de la carta seleccionada.

Para indicar el palo, él dispondrá la baraja de una determinada manera: verticalmente en el caso de los diamantes, diagonalmente hacia la izquierda para los tréboles, diagonalmente hacia la derecha para los corazones y horizontalmente para las picas. Las posiciones también aparecen indicadas en la ilustración.

Como sólo hay trece valores en la baraja, incluyendo desde el as hasta el rey, quedarán dos espacios en el diagrama imaginario. Esto nos resultará útil para un propósito. Si se selecciona el comodín, el ayudante desplazará la baraja hacia la esquina inferior derecha y si no se escoge ninguna carta —una treta para hacer caer al mago—, la baraja se desplazará hacia la esquina inferior izquierda. En estos casos, no importa en qué ángulo se ponga la baraja.

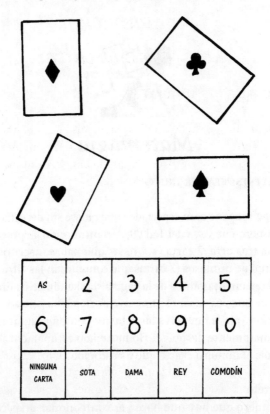

AS	2	3	4	5
6	7	8	9	10
NINGUNA CARTA	SOTA	DAMA	REY	COMODÍN

El mago siempre debería mirar a través de la baraja para hallar la carta elegida, como si algún arreglo en la propia baraja pudiera ayudarle. Esto desviará las sospechas de la estrategia real. Se podrá repetir el truco, aunque no muchas veces.

PHILIP SIMMONS

De hecho, resulta aconsejable variar estos misterios mentales, mostrando algunos diferentes en lugar de incurrir en una repetición. Así, no sólo incrementarás el interés sino que además evitarás el peligro de que descubran tus maniobras.

Matemagia

Cómo presentar el truco

El mago propone a un espectador que piense sin decir nada en un número que vaya del 1 al 99. A continuación, le presentará, una tras otra, 7 cartas sobre las que habrá inscritos una multitud de números (7 cartas que contendrán las cifras que se indican en los gráficos de la página siguiente). Le pedirá que cada vez que vea pasar el número con el que ha pensado se lo indique y que le devuelva la carta que contenga su número. Inmediatamente después... ¡lo ha dejado estupefacto anunciándole el número exacto que ha escogido!

El secreto

Lo primero que hay que hacer, es confeccionar unas cartas con unas cifras concretas. A partir de aquí es sencillo, cuando el espectador te indique las cartas que contienen su número, le añadirás la primera cifra que se encuentra en la parte superior izquierda de cada carta que te haya dado el espectador. Por ejemplo si ha escogido el número 27, te devolverá la primera carta, la segunda, la cuarta y la quinta. Añadiendo las cifras que se encuentran en la parte superior izquierda de esas cartas, obtendrás su número (27). El cálculo mental efectuado ha sido: 1+2+8+16=27. ¡ABRACADABRA, ya puedes anunciar su número al espectador!

Lo ideal sería fotocopiar las tablas que se muestran a continuación para confeccionar las 7 cartas. Si prefieres reescribirlas, vigila con los errores.

1	3	5	7	9	11	13	15	17	19
21	23	25	27	29	31	33	35	37	39
41	43	45	47	49	51	53	55	57	59
61	63	65	67	69	71	73	75	77	79
81	83	85	87	89	91	93	95	97	99

2	3	6	7	10	11	14	15	18	19
22	23	26	27	30	31	34	35	38	39
42	43	46	47	50	51	54	55	58	59
62	63	66	67	70	71	74	75	78	79
82	83	86	87	90	91	94	95	98	99

4	5	6	7	12	13	14	15	20	21
22	23	28	29	30	31	36	37	38	39
44	45	46	47	52	53	54	55	60	61
62	63	68	69	70	71	76	77	78	79
84	85	86	87	92	93	94	95		

8	9	10	11	12	13	14	15	24	25
26	27	28	29	30	31	40	41	42	43
44	45	46	47	56	57	58	59	60	61
62	63	72	73	74	75	76	77	78	79
88	89	90	91	92	93	94	95		

8	9	10	11	12	13	14	15	24	25
26	27	28	29	30	31	40	41	42	43
44	45	46	47	56	57	58	59	60	61
62	63	72	73	74	75	76	77	78	79
88	89	90	91	92	93	94	95		

16	17	18	19	20	21	22	23	24	25
26	27	28	29	30	31	48	49	50	51
52	53	54	55	56	57	58	59	60	61
62	63	80	81	82	83	84	85	86	87
88	89	90	91	92	93	94	95		

32	33	34	35	36	37	38	39	40	41
42	43	44	45	46	47	48	49	50	51
52	53	54	55	56	57	58	59	60	61
62	63	96	97	98	99				

El doble reloj

CÓMO PRESENTAR EL TRUCO

Tomando la baraja de cartas, el mago dispone sobre la mesa dos círculos de cartas boca abajo. Al ser doce cartas en círculo, a ese círculo lo llamaremos «reloj», aunque no deba corresponderse el valor de las cartas con la numeración del dial.

El mago pide a un espectador voluntario que vaya girando su mano por encima de las cartas en dirección contrahoraria hasta que decida pararse encima de cualquiera de las cartas del reloj. Entonces el espectador debe recogerla juntamente con las dos cartas dispuestas a ambos lados de dicha carta. A continuación se observan las tres cartas y se suma el total de su valor. Tendremos en cuenta que la jota vale once, la reina, doce y el rey, 13. Supongamos que alguien recoge un tres, un cinco y un diez, tendremos un total de dieciocho, un número que deberemos recordar.

Otro voluntario vuelve a efectuar la misma operación que el primero, pero esta vez sobre el segundo reloj, tomando otras tres cartas. Se le pregunta si en las tres cartas hay alguna figura (J, Q o K). Cuando conteste que sí, el mago le dirá que la recuerde y sume el total del valor de las dos cartas restantes para obtener un número. Si alguien recoge, por ejemplo, una jota de corazones, un siete de espadas y un dos de picas, deberemos recordar corazones y nueve, el total de siete más dos.

Cogiendo la mitad de la barajsa, se le pide a una tercera persona que cuente hasta el número indicado por las tres cartas del primer reloj. En este caso, habrá que contar hasta dieciocho. Se cogerá la carta número dieciocho y la compararemos con las escogidas del segundo reloj, esto es, nueve y corazones. Para sorpresa de todos, ¡la carta número dieciocho resulta ser el nueve de corazones!

El secreto

La baraja se organiza para este truco de antemano. Las doce cartas de arriba están en la siguiente rotación, independientemente de sus palos: cinco, diez, tres, cinco, diez, tres, cinco, diez, tres, cinco, diez, tres. Cuando estas cartas se repartan en forma de una esfera de reloj, no importa desde qué punto se escojan las tres cartas que estén juntas, las tres serán siempre un tres, un cinco y un diez, cualquiera que sea su orden. Así, el total siempre será dieciocho.

En las doce cartas del segundo reloj la configuración no será otra que la siguiente: el as de corazones, un siete, un dos, el rey de copas, un siete, un dos, la reina de corazones, un siete, un dos, la jota de corazones, un siete, un dos. No importa el lugar en que se encuentren los palos de las cartas, ya que pueden salir en cualquier rotación. Cuando se recoge el grupo de las tres cartas boca abajo del segundo reloj, está destinado a que siempre haya una figura de corazones. Además, las dos cartas que la acompañarán darán siempre una suma total de nueve. Así, el trío representará el nueve de corazones.

Dieciocho nuevas cartas de la baraja, en la posición cuarenta y dos (ya que los dos relojes requieren veinticuatro cartas), el mago ha plantado el nueve de corazones. por lo tanto el espectador que se ocupa del resto del mazo se encuentra la carta que se indica en la posición designada.

Moneda por botella

CÓMO PRESENTAR EL TRUCO

Cogemos una moneda y se coloca sobre una mesa, a continuación se coloca una botella de refresco boca abajo y en equilibrio sobre la moneda. El truco está en quitar la botella de encima de la moneda sin tocar ninguno de los dos objetos. El frasco debe mantenerse en su actual posición boca abajo.

Esto suena casi imposible, pero el truco es bastante fácil, aunque hay que hacerlo cuidadosamente. Golpeamos ligera y repetidamente la mesa con el puño, en movimientos hacia abajo. La botella se irá desplazando sobre el borde de la moneda y sobre la mesa, manteniendo su equilibrio.

El secreto
Se requiere cierta práctica para trabajar con eficacia el truco. No hay que sacudir demasiado la botella, ya que se hace desde el borde de la moneda. Mantener el movimiento a cámara lenta, pero constantemente, es la mejor manera de conseguirlo.

Alucinación visual

<small>CÓMO PRESENTAR EL TRUCO</small>

El ilusionista saca un juego de cartas de su estuche y aproximándose a un espectador, le muestra discretamente la carta que se encuentra debajo, la retira de la baraja y la coloca encima de la mesa. Hace lo mismo con una segunda persona y a continuación repite la operación también con una tercera: cada vez muestra la carta que se encuentra debajo para luego colocarla encima de la mesa, cerca de la primera carta. Entonces les pide a los tres espectadores que digan cuál es su

carta, a lo que los tres responden a coro: ¡dama de diamantes! Extraño, pero aún parece más extraño cuando el ilusionista devuelve las tres cartas a los tres espectadores, ¡un 8 de
picas, un 10 de tréboles y un rey de corazones hacen acto de
aparición!

El secreto

Una carta con un corte de 2 a 3 cm de largo por 1 o 2 cm de
ancho (ver dibujo en esta página) que sea fácilmente disi-
mulado por tu pulgar o tu índice. Colocarás esta carta bajo
la baraja, por ejemplo la Dama de diamantes. Cuando la
muestres a los tres espectadores, verán la dama de diamantes. Sin embargo, la muesca te permitirá desplazar la carta
que se encuentre justo debajo de la que los tres espectadores habrán visto, un 8 de picas, un 10 de tréboles y un rey
de corazones, por ejemplo. ¡La primera sorpresa se la llevan los tres espectadores cuando se escuchan pronunciar el
nombre de la misma carta!

Pequeños consejos

En la presentación de los trucos, dejad que vuestra personalidad sobresalga con naturalidad. Calma, cordialidad y sonrisa son algunas características clave que os ayudarán a encandilar al espectador.

Hablad siempre con distinción y corrección. Repasad en la cabeza las fases del truco, etapa por etapa, antes de efectuarlo. Lo que se piensa con claridad, se dice y se hace con claridad.

No hagáis nunca un truco dos veces seguidas (salvo en casos excepcionales), es una regla básica. Acostumbrado a vuestro discurso, el espectador podría abstraerse y llegar a concentrarse únicamente en vuestros gestos.

No olvidéis que el truco no hace al mago. Siempre hay que añadirle algo personal en su desarrollo, alguna pequeña historia, o algo por el estilo.

Bolas, palillos, pañuelos, etc. Si os apasionáis por la magia, deberéis saber que existen tiendas especializadas dónde podréis adquirir multitud de artículos trucados.

Escoger cuidadosamente el lugar donde vayáis a realizar vuestros trucos es importante. Los espectadores no deben ver las trampas. Debéis evitar cualquier ubicación de espaldas a un espejo, por ejemplo, su presencia podría desvelar ciertos secretos…

El último consejo, pero el más importante de todos: ¡no divulguéis jamás vuestros secretos! Destrozaríais la ilusión. Debéis erigiros en guardadián del imaginario.

El secreto de los números
André Jouette

Esta obra explora, desde una óptica original, lúdica y rigurosa, la ciencia de los números y las construcciones numéricas, así como los ámbitos cotidianos y específicos donde éstos se emplean.

Pesos, medidas, potencias, datos astronómicos, calendarios y muchos más són aquí explicados en su sentido esencial y práctico. Pero el lector también encontrará curiosidades sobre la conversión de un sistema métrico a otro, el cálculo mental o las probabilidades de ganar la lotería.

Desafía a tu mente
David Izquierdo

El ingenio es una capacidad que no sólo se refiere al grado cultural o social sino que apela a la intuición y al talento natural. Esta selección de juegos de ingenio le permitirá ejercitar y desarrollar todo el potencial oculto de su intelecto con el objetivo de hacer de usted una persona más brillante, ingeniosa y aguda.

- Juegos para mejorar su capacidad de visualización espacial.
- Ejercicios para relacionar el desplazamiento de figuras en el espacio.
- Descubrir patrones para proseguir secuencias numéricas.
- Juegos para descubrir su capacidad deductiva.

Todos los juegos de tablero
Arturo Botín

Este libro no sólo le ofrece las reglas tradicionales de los principales juegos de mesa sino que intenta aproximarse a las variantes más usuales (que no son pocas) para que tenga la posibilidad de adaptarlas a sus gustos y al nivel de dificultad deseado por los participantes. La estrategia, la aventura, la suerte, la competición… son factores que guían al jugador y que posibilitan la victoria. Sin duda este manual le será de gran ayuda para intentarlo.

• ¿Cuál es la mejor estrategia a seguir para jugar al backgammon?

• ¿En qué se diferencia la estrategia de las damas y las damas chinas?

• ¿Cuáles son los juegos de caza y captura más fáciles para enseñar a los niños?

• ¿Qué variantes puede tener el tradicional juego de dominó?

Todos los juegos de cartas
Arturo Botín

Los juegos de cartas empezaron a practicarse en Europa hacia el siglo XIV. Desde entonces se han ido popularizando cada vez más como forma de diversión y como medio para obtener ganancias. Este libro trae consigo algunos de los juegos de cartas más divulgados en la actualidad, mostrando la dinámica de cada uno de los juegos y algunos de los trucos más utilizados por experimentados jugadores.

• Juegos populares con baraja española: el burro, la butifarra, el tute, el mus...

• Las cartas como arte adivinatorio.

• Juegos populares con baraja americana: el bridge, la canasta, el pináculo...

• Juegos de casino: el ambigú, el bacará, el black jack, el póquer...

• Los solitarios.

LITERATURE

POLITICS

PSYCHOLOGY

SCIENCE